„Gesundheit ist gewiss nicht alles,
aber ohne Gesundheit ist alles nichts"
Arthur Schopenhauer

„Sie haben jeden Tag die Möglichkeit,
Ihrem Körper etwas Gesundheit zu schenken.
Nutzen Sie jetzt die Gelegenheit"
Thomas Weber

© 2021, Thomas Weber
Herstellung und Verlag: BoD – Books on Demand, Norderstedt
ISBN: 9783741283512

Schatz, endlich SCHMERZFREI!

Mehr BEWEGLICHKEIT, VITALITÄT UND LEBENSFREUDE für jedes Alter

Thomas Weber
www.heilpraktiker-thomas-weber.de

Endlich schmerzfrei

Liebe Leserin, lieber Leser,
herzlichen Glückwunsch, dass Sie sich für dieses Buch entschieden haben. Damit haben Sie den ersten Schritt getan und zeigen, dass Ihnen viel an Ihrem Körper und Ihrer Gesundheit liegt.

Sie wollen mehr Lebensqualität, mehr Freude am Leben? Sie wollen wieder schmerzfrei werden oder erst gar keine Schmerzen entstehen lassen?
Wenn Sie es ernst damit meinen, dann kann die Lektüre dieses Buches einen Veränderungsprozess in Ihrem Leben einleiten. Es wird für Sie zum dauernden Begleiter in Ihrem Alltag werden, egal ob zu Hause oder wenn Sie unterwegs sind. Es wird Ihnen ein Helfer sein, damit Sie sich immer wieder einmal gewisse Dinge bewusst machen, sich immer wieder einmal fragen: Ist das, was ich gerade tue, gut für mich?

Ich werde Ihnen einfach und verständlich alles erklären, was Sie über Schmerzen wissen sollten: wie sie entstehen und was man mit einfachen Mitteln gegen sie tun kann. Sie erfahren, wie man sie lindert und beseitigt. Und, was aus meiner Sicht sogar noch wichtiger ist: wie man ihnen vorbeugt. Und das alles ohne Medikamente und Operationen.

Endlich schmerzfrei

Alles, was ich hier niedergeschrieben habe, beruht auf eigenen Erfahrungen. Es ist das Ergebnis von über zehn Jahren Praxis in der GST-Bewegungstherapie und der Behandlung von Menschen. Es ist ebenso das Ergebnis meiner eigenen Schmerzgeschichte und der Geschichte von vielen meiner Therapieteilnehmer und Patienten.

Doch hier sollen Sie im Zentrum stehen – Ihre Schmerzfreiheit und Ihre Lebensqualität. Studieren Sie das Buch durch, wenden Sie meine Ratschläge an – und bilden Sie sich Ihre eigene Meinung darüber!

| Impressum

2. Auflage
©2021 by author:
Thomas Weber
Hauptstraße 2, 89250 Senden
info@heilpraktiker-thomas-weber.de

Bibliografische Information der Deutschen Nationalbibliothek:
Die Deutsche Nationalbibliothek verzeichnet diese Publikation in der Deutschen Nationalbibliografie, detaillierte bibliografische Daten sind im Internet über *http://dnb.dnb.de* abrufbar.

Alle Rechte vorbehalten. Kein Teil des Werks darf in irgendeiner Form (Druck, Fotokopie, Mikrofilm oder in einem anderen Verfahren) ohne schriftliche Genehmigung des Autors reproduziert oder unter Verwendung elektronischer Systeme verarbeitet, vervielfältigt oder verbreitet werden.

Die Ratschläge in diesem Buch wurden vom Autor sorgfältig erwogen und geprüft, dennoch sind alle Angaben ohne Gewähr, und es kann keine Garantie übernommen werden. Eine Haftung des Autors und seiner Beauftragten für Personen-, Sach- und Vermögensschäden ist ausgeschlossen.
Gesundheit oder Krankheit ist immer ein individueller Zustand. Die im Buch enthaltenen Informationen ersetzen daher nicht die persönliche Beratung und Behandlung bei Ihrem Arzt vor Ort. Statt im Falle gesundheitlicher Probleme anhand dieser Informationen eine Selbstdiagnose zu erstellen und ohne einen Arzt persönlich aufzusuchen eigenständig Ihre Gesundheitsprobleme zu behandeln, sollten Sie in diesen Fällen persönlich zum Arzt gehen.
Verlag und Autor haften nicht für Schäden oder Unannehmlichkeiten, die infolge einer Verwendung dieser Informationen entstehen.
Damit sich das Buch einfacher liest, hat der Autor bewusst die weibliche Schreibweise ausgelassen. Er spricht natürlich alle Menschen unterschiedlicher Geschlechter an. Vielen Dank für Ihr Verständnis.

Bildnachweis:
Titelfoto: Jürgen Fälchle/fotolia.com
Autorenporträt auf der Buchrückseite: Bogdan Gaszczyk Foto-Fiction (bogdans.de)
Abbildungen im Buchinhalt: Bogdan Gaszczyk Foto-Fiction (bogdans.de): S. 72, 73, 74, 75, 76, 77, 78, 79; Coka/fotolia.com: S. 36; Dmitry Naumov/fotolia.com: S. 35 oben; DragonImages/fotolia.com: S. 32 oben; Gina Sanders/fotolia.com: S. 34 oben; Jürgen Fälchle/fotolia.com: S. 8; karras6079/fotolia.com: S. 35 unten; Kzenon/fotolia.com: S. 32 unten; Shmel/fotolia.com: S. 35 Mitte; UsedomCards.de/fotolia.com: S. 31, 34 unten

Herstellung und Verlag: BoD – Books on Demand, Norderstadt
Covergestaltung, Lektorat und Layout: Bernhard Edlmann Verlagsdienstleistungen, Raubling

ISBN 978-3-7412-8351-2

Inhalt

Wieso schreibe ich dieses Buch? 9
Meine Schmerzgeschichte 11
Wie entstehen Schmerzen? 25
Verständnis für unseren Körper 37
Welche Ebenen werden durch Bewegung
angesprochen? 48
Die fünf Elemente der Schmerzentstehung 51
Die vier Bausteine ganzheitlicher Gesundheit 61
Allgemeines zu den GST-Übungen 66
Kurzleitfaden für die GST-Übungen 70
GST-Übungen zum Einstieg 72
Fallbeispiele aus der Praxis 80
Das sagen Teilnehmer des GST Motion Trainings 85
Die Vorteile von GST Motion Bewegungstherapie
auf den Punkt gebracht 91
Das ergänzende DVD-Set 92
Nachwort 93
Kontaktinformation 94
Dank 95
Gutschein 96

Wieso schreibe ich dieses Buch?

Es ist mir eine Herzensangelegenheit, Ihnen mit diesem Buch ein paar gute Tipps zu geben, wie Sie sich mit ganz einfachen Methoden aus der Schmerzfalle befreien. Ganz ohne die heute oft eingesetzten aufwendigen Therapieverfahren.

Warum mir das so wichtig ist, hängt auch mit meiner eigenen Lebensgeschichte zusammen. Ich will Ihnen darüber ausführlich erzählen, damit Sie sehen, dass Sie mit Ihren Schmerzen nicht allein sind. Gleichzeitig wird Sie dieses sehr persönliche Kapitel für den Verlauf von Schmerzerkrankungen und Warnzeichen Ihres eigenen Körpers sensibilisieren. Und am Ende werden Sie außerdem besser verstehen, wie ich dazu komme, dieses Buch für Sie zu schreiben.

Heutzutage ist es leider so, dass sehr viele Menschen täglich mit Schmerzen zu tun haben: in Schulter, Hüfte, Knie oder im Rücken. Ihnen ist dann oft nicht recht klar, was sie dagegen tun oder an wen sie sich wenden sollen. In den meisten Fällen führt der erste Weg zum Arzt oder Heilpraktiker. Das ist auch gut und richtig so. Sie sollten in jedem Fall die Ursachen abklären lassen. Nur so lässt sich auch zuverlässig die Möglichkeit ausschließen, dass eine ernste Erkrankung hinter Ihren Symptomen steckt.

Wieso schreibe ich dieses Buch?

Aus meiner Erfahrung kann ich Ihnen aber sagen, dass in 80 bis 90 Prozent dieser Fälle keine wirklich schlimme Krankheit die Ursache der Schmerzen ist. Vielmehr ist unser Alltag dafür verantwortlich. Dass uns Verschiedenes wehtut, ist die Folge davon, wie wir unser Leben selbst gestalten.

In der Regel liegt also der Grund für unsere Symptomatik – und damit der Schlüssel für deren Linderung und Heilung – in uns selbst. Wieso das so ist oder wie es dazu kommt, können Sie diesem Buch entnehmen. Vielleicht werden Sie einige der Dinge, die ich beschreibe, wiedererkennen – von der Art, wie Sie Ihren Alltag meistern und Ihr tägliches Leben gestalten.

Meine Schmerzgeschichte

Im Alter von fünf Jahren begann ich mit dem Vereinssport. Meine erste Sportart war Fußball. Ich war jahrelang ausgesprochen erfolgreich in verschiedenen Vereinen aktiv und habe auch höherklassig gespielt.
Schon damals nahm ich das ausgiebige Dehnen sehr wichtig, insbesondere vor einer extremen körperlichen Belastung. Ich habe somit etwas richtig gemacht – allerdings instinktiv, es war mir damals noch nicht so bewusst wie heute, was es damit auf sich hat. Auf dieses Thema kommen wir später noch zurück.

Mit etwa 21 Jahren musste ich die Fußballschuhe an den Nagel hängen, aus beruflichen Gründen. Ich war damals durch meine Ausbildung als Lebensmitteltechniker zeitlich sehr stark eingeschränkt und konnte daher nicht mehr regelmäßig ins Training gehen. Dementsprechend wurde ich nicht mehr so häufig eingesetzt.
Diese Situation zwang mich zum Umdenken. Ich musste eine Lösung finden: Gab es eine Sportart, die auch angesichts meiner beruflichen Belastung umzusetzen war und mir ebenso viel Spaß machte?
Außer Fußball faszinierten mich auch damals schon die asiatischen Kampfkünste. Ich interessierte mich für den

Meine Schmerzgeschichte

Zusammenhang zwischen gesundem Körper und gesundem Geist und war außerdem ein großer Fan von Bruce Lee (das bin ich übrigens bis heute). So lag es nahe, dass ich mich nach einem passenden Kampfsport bzw. einer passenden Kampfkunst umsah.

Ein sehr guter Freund erzählte mir damals von einer chinesischen Kampfkunst namens Wing Tsun. Ich hörte seinen Worten begeistert zu. Auch Bruce Lee hatte als Erstes Wing Tsun studiert und trainiert – mir bot sich eine Möglichkeit, meinem Idol geistig-seelisch wieder ein Stück näherzukommen. So habe ich mich rasch entschieden, ein Probetraining zu absolvieren.

Dieses Probetraining gab den Ausschlag: Ich war fasziniert und begann im Alter von 21 Jahren mit Wing Tsun. Noch heute betreibe ich erfolgreich diese Variante des Kung-Fu in Form des neu entwickelten Wing Revolution.

Die ersten Symptome

Für einen Kenner der Materie klingt es vermutlich unlogisch, und auch ich selbst wundere mich heute manchmal darüber: Ausgerechnet als ich mit der Kampfkunst anfing, begann

Meine Schmerzgeschichte

ich das Dehnen im Training zu vernachlässigen. Dabei legen gerade die Kampfsportarten prinzipiell sehr wohl Augenmerk auf das Dehnen. Ein Grund für diese Nachlässigkeit war vielleicht, dass im damaligen Training mehr Wert auf Kraft, Formenarbeit, Selbstverteidigung und Kämpfen gelegt wurde.

Genau zu dieser Zeit entwickelten sich bei mir immer wieder Schmerzen in der Lendenwirbelsäule. Sie traten verstärkt im Winter bei Kälte auf, verschwanden aber auch im Sommer niemals ganz.

In meinem damaligen Beruf musste ich körperlich schwer arbeiten, und das hat ohne Zweifel wesentlich dazu beigetragen, dass sich die Schmerzen ständig verschlimmerten. Ich weiß heute, dass ich bei meiner Arbeit oft falsche Körperhaltungen einnahm. Beispielsweise habe ich schwere Gegenstände angehoben, indem ich mich extrem nach vorn beugte. Solche Fehler verschärften die Situation weiter.

Wie es mittlerweile bei jedem zweiten oder dritten Menschen (und wahrscheinlich auch bei Ihnen) der Fall ist, führte mich mein erster Gang zum Orthopäden. Er fertigte Röntgenaufnahmen an, konnte aber keine eindeutige Diagnose stellen.

Meine Schmerzgeschichte

Ich bekam damals Massagen verschrieben, die ich als sehr angenehm und wohltuend empfand. Doch gegen die tatsächlichen Ursachen meiner Problematik konnten sie nichts ausrichten. Im Gegenteil: Meine Schmerzen wurden schlimmer und schlimmer, und ich fühlte mich zunehmend unbeweglicher. Was ich tatsächlich auch war.
Mit meinen 22 Jahren kam ich mir vor wie ein alter Mann. Ich dachte mir: Das ist doch gar nicht möglich in diesem Alter? Wie soll das denn werden, wenn ich erst einmal vierzig bin? Oder noch älter? Ich war damals ziemlich verzweifelt.

Das war der Beginn meiner Leidenszeit, die Gott sei Dank mittlerweile seit Jahren vorbei ist. Wie ich meinen Schmerz überwunden habe, möchte ich Ihnen in diesem Buch schildern. Ich gebe Ihnen dazu einfache Erklärungen, Beispiele und Übungen an die Hand. Im ergänzenden DVD-Set gibt es außerdem leichten Text, Bilder und Videos zum Thema.

Entdeckung Nummer eins: Dehnübungen
Mir konnte damals keiner wirklich mit meinen Schmerzen helfen, also begann ich selbst aktiv zu werden. Der erste Schritt in die richtige Richtung war dann, dass ich eine Ausbildung in ChiKung gemacht habe. Dabei stellte ich fest, dass

Meine Schmerzgeschichte

gewisse Übungen den Körper in die Dehnung bringen und die verklebten Strukturen des Bindegewebes wieder flexibel und geschmeidig machen.

Nach und nach begann ich den Prozess der Schmerzentstehung für mich systematisch zu prüfen. So habe ich als Erstes meine Bewegungen im Alltag hinterfragt und angefangen, meinen Körper zu analysieren.

Ich kam zu dem Ergebnis, dass nur Kräftigung allein nicht der Weisheit letzter Schluss war und dass es entscheidend auf das Dehnen ankam. Entsprechende Übungen hatte ich ja im Laufe meiner sportlichen Karriere schon kennengelernt und wendete sie jetzt verstärkt wieder an. So durfte ich sehr schnell eine positive Veränderung spüren: Meine Verspannungen und die daraus resultierenden Schmerzen im unteren Rücken gingen massiv zurück.

Das verblüffte mich, und es reichte mir nicht, nur meine Erfolge und die entscheidende Besserung meines Zustandes zu genießen. Ich wollte ganz genau wissen, wie das alles zustande kam. So blieb ich weiter an diesem Thema dran, um herauszufinden, *warum* es mir mit dem Dehnen wesentlich besser ging.

Meine Schmerzgeschichte

So war es für mich eine Zeit des Übens, aber vor allem eine Zeit der Erkenntnisse. Ich spürte Veränderungen in meinem Körper – mechanische Veränderungen. Aber es änderte sich auch vieles auf der geistigen und der zwischenmenschlichen Ebene.

Sport, egal in welchem Bereich, stellt immer positive Verknüpfungen mit anderen Menschen her. Er führt fast zwangsweise – im positiven Sinne – zur Bildung von Netzwerken. Außerdem öffnet er den Geist, sodass wir neuen Dingen gegenüber aufgeschlossen sind.

Ich lernte Menschen kennen, die sich im Bereich Ernährung sehr gut auskennen, und hinterfragte außerdem, womit ich meinen Körper vollstopfte. Das Ergebnis war auf den ersten Blick niederschmetternd, auf den zweiten sehr wertvoll. Weil es mir die Augen öffnete und die Wende zum Besseren einleitete. Ich kam rasch zu der Erkenntnis: Man muss seinem Organismus, der im Alltag in allen Lebensbereichen funktionieren soll, hochwertige Lebensmittel zur Verfügung stellen.

Meine Schmerzgeschichte

Entdeckung Nummer zwei: Richtige Ernährung
Der erste Schritt war, meinen Körper von innen zu reinigen. Ich begann eine Heilfastenkur in der Gruppe. Das hat viel Spaß gemacht. Vor allem merkte ich, wie gut es meinem Körper, aber auch meiner Seele und meinem Geist tat. Ich spürte richtig, wie sich meine Power plötzlich vervielfachte.

Denn auch seit ich richtig und ausgewogen trainierte, war es weiterhin so gewesen, dass mein Bindegewebe und der Zwischenzellraum mit abgelagerten Säuren und Müll zu kämpfen hatten. Dem rückte ich mit der Heilfastenkur zu Leibe: Ich führte meinem Körper nur gereinigtes hochwertiges Wasser zu – und über die Flüssigkeit die wichtigsten Vitamine und Elektrolyte. So wurden die erwähnten Säuren und Schlacken aus meinem Körper gelöst und entsorgt: über Atmung, Darm, Leber und Galle, Haut und Nieren.

Diese sieben Tage Kur haben mich gesundheitlich nochmals einen großen Schritt nach vorn gebracht: Ich spürte förmlich, wie ich im gesamten Körper lockerer wurde und meine restlichen schmerzhaften Spannungen im unteren Rücken sich auflösten. Ich war zum ersten Mal seit Langem vollständig schmerzfrei!

Meine Schmerzgeschichte

Danach habe ich meine Ernährung konsequent umgestellt und achtete nun verstärkt auf das, was ich meinen Körper zuführte.

Damit wir uns nicht falsch verstehen: Sie brauchen nicht zu glauben, dass ich in dieser Hinsicht „päpstlicher wäre als der Papst". Auch ich esse gelegentlich einmal Eis oder Kartoffelchips. Ab wann das ungesund wird, ist eine Frage der Menge. Mein Leitspruch in diesem Zusammenhang lautet: „Die Dosis macht das Gift".

Ich hatte mit dem richtigen Training und der Ernährungsumstellung bereits zwei Bausteine in mein Leben integriert, die dazu beitrugen, mich fitter, energiereicher, vitaler und jünger zu fühlen – und vor allem komplett schmerzfrei zu sein.

Was ebenso wichtig war: Ich hatte die ersten beiden Elemente der Schmerzentstehung entdeckt – weil ich sie buchstäblich am eigenen Leib erfahren hatte: nämlich einseitige Bewegung und falsche Ernährung.
Da ich mich weiter mit der Materie beschäftigte, konnte ich weitere Faktoren identifizieren, die dafür verantwortlich sind, dass uns etwas wehtut. So kam ich am Ende auf die fünf

Meine Schmerzgeschichte

Elemente der Schmerzentstehung, die ich in diesem Buch behandle.

Nicht bei jedem, der chronische Schmerzen hat, sind alle diese fünf Elemente beteiligt. Bewegungsmangel etwa – ein häufiges Problem in unserer Gesellschaft – kann bei mir persönlich definitiv keine Rolle gespielt haben, denn ich betreibe ja seit meiner Kindheit ohne Unterbrechung Sport. Sie sehen aber, auch trotz ausreichender oder sogar intensiver Bewegung kann etwas schieflaufen – eben wenn man sich einseitig bewegt.

Es gibt Bewegungen, auf die unser Körper genetisch bedingt mehr oder weniger angewiesen ist. Wenn wir dieses in unser Erbgut einprogrammierte Bedürfnis nicht berücksichtigen, bewegen wir uns einseitig. Wir handeln uns dadurch Verkürzungen von Muskeln und Bändern und Spannungszustände ein.

Mir ist es gelungen, mich aus diesem unnatürlichen Zustand zu befreien. Ich habe meinen Körper ganzheitlich in verschiedenen Haltungen trainiert und gezielt gedehnt. So habe ich meine Muskulatur und mein Bindegewebe wieder in seine physiologisch richtige Stellung gebracht und die Gelenke von zu großen Zugspannungen entlastet.

Körper, Geist, Seele und Frequenz

Ich bin überzeugt, dass die innere und äußere Wandlung, die in dieser Zeit mit mir geschehen ist, kein Zufall war. Zu meinen Teilnehmern sage ich immer: Mit der Erweiterung der Beweglichkeit weitet sich auch der Geist. Man entdeckt neue Blickwinkel, und plötzlich stehen einem Möglichkeiten zur Verfügung, an die man vorher gar nicht gedacht hätte. Denn das ist für mich in den Jahren des Suchens, des Trainierens und der neuen Erkenntnisse ganz klar geworden: Solange Sie körperlich eingeschränkt sind, ist auch Ihr Denken und Handeln eingeschränkt.

Für mich ist außerdem sehr wichtig zu erwähnen, dass es nicht nur um einen gesunden Körper und gesunden Geist geht. Noch zwei weitere Faktoren spielen eine entscheidende Rolle: dass unsere Seele im Reinen sein und unsere Frequenz gegenüber den Mitmenschen stimmen sollte.
Mit „Frequenz" meine ich die Schwingung, mit der wir uns umgeben. Diese Schwingung führt dazu, dass wir das anziehen, was wir selbst denken und fühlen. Dadurch, wie wir mit

Meine Schmerzgeschichte

Mitmenschen umgehen, was wir zu ihnen sagen oder wie wir handeln, bewirken wir etwas bei ihnen. Der Mechanismus unterliegt schlicht und einfach dem Resonanzgesetz.

Alle vier Bereiche – Körper, Geist, Seele und Frequenz (Schwingung) – bilden ein einheitliches Ganzes. Wenn es bestmöglich im Gleichgewicht ist, ist auch unser Körper im Gleichgewicht. Das bewahrt uns vor seelischem Druck und den daraus resultierenden körperlichen Schmerzen. Ich werde auf diese einzelnen Bereiche später (Seite 61) noch genauer eingehen.

Meine berufliche Neuorientierung

Meine Erlebnisse und meine Erkenntnisse in dieser Zeit führten dazu, dass ich meine wirkliche Berufung entdeckte. Nach und nach stand sie mir immer deutlicher vor Augen: Ich würde anderen Menschen mit den gleichen oder ähnlichen Schmerzgeschichten helfen. Ich würde Botschafter für diese Menschen sein und ihnen meine Erfahrungen und mein Wissen zugutekommen lassen.

Damit ich richtig therapieren konnte, waren diverse Ausbildungen zu absolvieren. Am Ende legte ich noch eine Prüfung

Meine Schmerzgeschichte

zum Heilpraktiker ab, um meinen Patienten in jeder Hinsicht medizinisch kompetent mit Rat und Tat zur Seite stehen zu können.

Seit nunmehr zehn Jahren unterrichte ich Menschen – in Gruppen, aber auch einzeln, im sogenannten Personal Training. Ich leite sie zu gesunder Bewegung an und gebe ihnen individuell Tipps, um aus ihrem persönlichen Dilemma des Bewegungsmangels oder der einseitigen Bewegung herauszukommen und so eine Schmerzentwicklung zu vermeiden. Ich durfte schon viele Menschen in ihrem Leben begleiten und unterstützen und glaube behaupten zu können, dass ihre Lebensqualität sich dadurch verbessert hat.
In der letzten Konsequenz brachten mich all diese Erfahrungen dazu, dieses Buch zu schreiben. Ich wollte noch mehr Menschen erreichen und ihnen dieses Stück mehr Lebensqualität geben. Außer dem Buch habe ich auch ein DVD-Set herausgebracht (mehr dazu auf Seite 92). Es enthält meine Lieblingsübungen, die ich seit Jahren beinahe täglich mit großer Freude und großem Elan durchführe.

Meine Schmerzgeschichte

Ein Programm für mehr Lebensqualität
Damit meine „Kur" auch bei Ihnen wirksam wird, sollten Sie dieses Buch nicht nur lesen (und die DVDs nicht nur anschauen), sondern meine Ratschläge auch beherzigen. Es tut richtig gut, sich zu bewegen – vor allem wenn es sich um Übungen mit Qualität handelt.

Wobei Sie sich noch eines bewusst machen sollten: Wir trainieren unseren Körper permanent – 24 Stunden am Tag. Jede Bewegung hat einen Einfluss darauf, wie wir uns fühlen – ob sie gut für unseren Körper ist oder nicht. Dabei spielt es keine Rolle, in welcher Phase der Belastung im Alltag Sie gerade sind: ob beim Laufen im Wald, ob im Büro, ob Sie gerade eine extreme Sportart praktizieren oder schlicht und einfach auf der Couch sitzen.
Ja, Sie lesen richtig, auf der Couch sitzen. Selbst da „trainieren" Sie Ihren Körper bzw. Ihre Muskulatur und die weiteren Ebenen Ihres Bewegungsapparates – allerdings im negativen Sinne.
Mit den „weiteren Ebenen" meine ich Blutgefäße, Nerven, Gehirn und alles andere, was für das richtige Funktionieren Ihres Körpers verantwortlich ist. Auch auf die einzelnen Ebenen gehe ich später (Seite 48) noch genauer ein.

Meine Schmerzgeschichte

Überprüfen Sie Ihre Ernährung: Ist das, was Sie essen, gut für Ihren Körper? Prüfen Sie aber auch Ihre emotionale, ihre psychische Situation: Sind Sie mit dem, was Sie tun, was Sie täglich machen, glücklich? Können Sie in den Spiegel schauen und sagen: „Ja, ich bin mit der ganzen Art, wie ich lebe, absolut zufrieden"?

Bringen Sie bei diesem Programm für mehr Lebensqualität auch ein bisschen Durchhaltevermögen mit und haben Sie bitte die nötige Geduld mit Ihren Körper, wenn Sie ihn arbeiten lassen. Er wird es Ihnen danken.
Nehmen Sie sich Zeit, schenken Sie sich volle Aufmerksamkeit und Achtsamkeit. Dann werden auch Sie, das kann ich Ihnen versprechen, positive Veränderungen erleben und sich nach und nach aus Ihren Einseitigkeiten und vielleicht auch Schmerzen herausbewegen.

Und bevor Sie jetzt starten, sollten Sie sich noch eine entscheidende Erkenntnis bewusst machen: dass wir niemals damit fertig sind, Neues über unseren Körper zu erfahren und zu lernen.

Wie entstehen Schmerzen?

Warum haben eigentlich in unserer heutigen Zeit immer mehr Menschen mit Schmerzen im Bewegungsapparat zu tun?

Ein Kennzeichen der Lebensweise von uns Menschen in den Industrienationen ist es, dass wir uns meist nur einseitig bewegen. Die meisten von uns sitzen in Büros oder stehen an Maschinen. Oder aber sie laufen in ihrem Beruf ständig hin und her – etwa als Kellner.

Aber für keines dieser Bewegungsmuster ist unser Körper – wenn man seine Entwicklung im Laufe der Evolution berücksichtigt – wirklich vorgesehen. Wir sind genetisch so angelegt, dass wir uns auf möglichst viele unterschiedliche Arten bewegen: in immer wieder neuen Winkeln und Ansteuerungen.

Dies lässt aber leider unser Alltag häufig nicht mehr zu. Die permanente, rasante technologische Entwicklung in Büros und Fabriken hat Nebenwirkungen: Der Mensch nimmt nicht mehr die Haltungen ein, die er braucht und haben will, sondern die, die ihm seine berufliche und sonstige Umwelt aufzwingt. Somit fehlen einfach bestimmte notwendige Reize, um die ca. 650 Muskeln in unserem Körper adäquat zu versorgen und zu bewegen.

| **Wie entstehen Schmerzen?**

Übrigens ist auch Sport nicht automatisch die richtige Abhilfe. Gerade Spitzensportler leiden teilweise unter den Folgen einseitiger Bewegung und einseitigen Trainings. Bei Fußballprofis beispielsweise können durch die zu hohen Zugkräfte der Muskulatur und der Sehnen auf die einzelnen Gelenke Reizungen und sogar Verletzungen entstehen. Diese Verletzungen könnten durch sachgerechtes Training, in dem man die Spannungen in den jeweiligen Körperpartien ausgleicht, vermieden werden.

Empfehlenswert sind Sportarten, die den ganzen Körper in Anspruch nehmen und ihn in vielen Winkeln und verschiedenen Positionen trainieren: etwa GST Motion Bewegungstherapie, Klettern und Turnen.

Wie aber läuft nun die Schmerzentstehung aufgrund einseitiger Bewegungen konkret ab?

Gelenkverschleiß durch Spannungen

Einseitige Bewegung bedeutet höhere Spannungen und Verkürzung des Bindegewebes (Faszien), der Sehnen sowie der Muskulatur in bestimmten Körperregionen. Dadurch entsteht eine Dysbalance bzw. eine zu hohe Zugkraft auf die Gelenke wie z. B. Knie oder Ellenbogen, aber auch auf die Wirbel-

Wie entstehen Schmerzen?

körper in unserem Rücken. Der Muskeltonus wird im Laufe der Zeit immer stärker, die Menschen verspannen sich. Der Körper muss aufgrund dieses Spannungszustandes nach und nach immer mehr Kraft aufwenden, um eine Bewegung auszuführen. Diese Kraft will sich irgendwo verteilen, und sie wird wiederum in die Gelenke geleitet. Das hat zur Folge, dass unsere Knorpel in den Knien oder die Bandscheiben zwischen den Wirbelkörpern immer mehr Druck und Reibung ausgesetzt sind. Der Verschleiß unserer Knorpel und Bandscheiben nimmt zu, er schreitet schneller voran als normal.

Knorpel und Bandscheiben sind so etwas wie natürliche Puffer, damit nicht Knochen auf Knochen reibt. Dass diese Bauteile unseres Körpers auf die Dauer Verschleiß ausgesetzt sind, ist völlig normal. Aufgrund der Erdanziehung entsteht nun einmal Reibung, wenn ein Körper in Bewegung gesetzt wird, und das bleibt nicht ohne Folgen.
Die entscheidende Frage ist nur, wie schnell und wie stark dieser Verschleiß voranschreitet. Und das können wir selbst in einem hohen Maß beeinflussen – eben indem wir uns einseitig oder gar nicht bewegen oder aber auf eine gesunde Bewegung achten.

Wie entstehen Schmerzen?

Bewegung hält Knorpel und Bandscheiben fit

Wenn wir unsere kleinen Puffer in den Gelenken langfristig funktionsfähig erhalten wollen, spielt noch ein weiterer Effekt eine Rolle: Knorpel und Bandscheiben können sich nur richtig ernähren, wenn wir unseren Körper bewegen – vor allem qualitativ bewegen. Damit meine ich, ihn den richtigen Reizen auszusetzen, um die Muskulatur und das Bindegewebe ganzheitlich in verschiedenen Winkeln dynamisch zu bewegen.

Der Knorpel im Knie etwa ist wie ein Schwamm. Sobald das Gelenk entlastet wird, saugt er sich mit den Nährstoffen voll, die in der Gelenkflüssigkeit enthalten sind. Aber genauso, wie wir ein- und auch wieder ausatmen müssen, braucht auch dieser Knorpel den Wechsel von Be- und Entlastung. Wird er zusammengedrückt, presst er die Stoffwechselendprodukte aus und entsorgt diese verbrauchten Nährstoffe als Abfall. Damit wird wieder Platz für frische Nährstoffe beim erneuten Entlasten …

Das heißt: Unsere Knorpel beziehungsweise die Bandscheiben brauchen die Bewegung. Nur so bleiben sie „lebendig", geschmeidig und behalten Ihre Substanz.

Wie entstehen Schmerzen?

Wir sitzen zu viel

Was schätzen Sie, wie viele Stunden die meisten Menschen heutzutage sitzen? – Es sind etwa zwölf bis fünfzehn Stunden am Tag!

Sie lesen richtig. Wir sitzen beim Essen, im Kino, auf der Couch, beim Autofahren, bei der Arbeit, beim Fahrradfahren. Und die meiste Zeit am Stück sitzen wir dann, wenn wir schlafen. Während der rund sieben Stunden, die wir täglich im Bett liegen, nehmen wir die meiste Zeit ebenfalls eine quasi „sitzende" Position ein: Die Beine sind angewinkelt, der Oberkörper ist gebeugt.

So trainieren wir sogar noch im Schlaf permanent die gleichen Fehlstellungen wie am Tag, mit der Folge einer Verkürzung der Bauchmuskulatur, des Hüftbeugers und anderer Muskeln und Bänder. Im Prinzip gibt es dagegen ein einfaches Gegenmittel, das viele Generationen von Menschen vor uns völlig unbewusst angewandt haben: das Strecken nach dem Wachwerden! Es hilft, diese einseitigen Strukturen wieder zu öffnen und entspannt und beweglich in den Tag zu gehen.

Doch in den letzten zehn Jahren musste ich leider feststellen, dass sich viele Menschen morgens beim Aufstehen gar nicht mehr strecken. Der Wecker klingelt, sie springen auf

Wie entstehen Schmerzen?

und meinen, ihr ganzer Organismus und Bewegungsapparat müsste sofort bereit sein fürs Tagesgeschäft. Wenn man vielleicht noch verschlafen hat, wird es schon frühmorgens für unseren Körper richtig stressig. Man ist noch nicht ganz wach, aber alles soll funktionieren.

Ich bitte Sie darum: Lassen Sie sich morgens Zeit, planen Sie genügend „Puffer" ein, damit Sie sich erst einmal strecken und Ihren Kreislauf in Schwung bringen können, wenn der Wecker klingelt. Es lohnt sich, den Körper richtig durchzubewegen. Damit bauen Sie Verkürzungen und Spannungen ab und werden geschmeidig.
Probieren Sie es aus – und machen Sie es zu einem täglichen Ritual. Sie werden sehen, dass es Ihnen damit nach einiger Zeit viel besser gehen wird. Es ist nur eine Kleinigkeit – aber sie wirkt sich positiv auf Ihre Gesundheit aus und trägt dazu bei, dass Sie gut in den neuen Tag starten und ihn mit Gelassenheit und Freude angehen.

Problem verkürzte Bauchmuskulatur
Ich habe es oben schon angedeutet: Ein Hauptproblem an unserer Sitzhaltung ist die Verkürzung der Bauchmuskulatur. Das wollen wir uns hier einmal näher ansehen, weil das

Wie entstehen Schmerzen?

Problem so viele Menschen betrifft – und weil der dahinterstehende Mechanismus auch für Fehlentwicklungen in anderen Teilen unseres Bewegungsapparates typisch ist.

Jeder Mensch hat Bauchmuskeln und Rückenmuskeln. Auch wenn man die Bauchmuskeln bei manchen nicht sieht – sie sind dennoch vorhanden.

Nun sitzen die meisten Menschen, wie schon gesagt, den ganzen Tag über hauptsächlich. Andere müssen viel stehen, und zwar in einer nach vorn geneigten Körperhaltung. Der Effekt ist praktisch der gleiche.

In dieser sitzenden oder stehenden Position trainiert man permanent die Bauchmuskulatur in die Verkürzung. Mit diesem Bild könnte man die Verkürzung der Bauchmuskulatur symbolisieren:

Wie entstehen Schmerzen?

Der Bewegungsalltag heute: Auch beim „Bewegen" sitzen wir!

Achten Sie auf die Winkel der Knie, der Hüfte, der Arme und der Schultern!

Wie entstehen Schmerzen?

Nun gibt es aber noch die Rückenmuskulatur. Sie hat die Aufgabe, uns aufrecht zu halten, egal ob wir sitzen oder stehen. Wenn wir nun eine Bauchmuskulatur besitzen, die über lange Zeit extrem in die Spannung und Verkürzung trainiert wurde, und unsere Rückenmuskulatur uns aufrecht halten möchte, dann entsteht irgendwann ein Ungleichgewicht, ein so großer Druck auf unsere Bandscheiben, dass diese ihre Aufgaben nicht mehr richtig erfüllen können. Vorne zieht die Bauchmuskulatur, und hinten zerrt die Rückenmuskulatur.

Wenn wir jetzt keinen adäquaten Ausgleich finden, verstärkt sich der Verschleiß der Bandscheiben immer mehr. Sobald die Spannungen zu groß werden, droht uns ernsthafter Schaden – beispielsweise in Form eines Bandscheibenvorfalls oder einer Bandscheibenvorwölbung, die mit der Beeinträchtigung von Nerven im Rückenmark verbunden sind.
Doch noch vorher sendet unser Körper als Schutzfunktion einen Schmerz. Ich nenne ihn Signalschmerz, weil wir ihn spüren, bevor überhaupt eine Schädigung eintritt.

Weil ein Bild mehr sagt als tausend Worte, beschreibe ich es auf diesen Seiten in einigen Bildern, wie unser Alltag aussieht – beziehungsweise wie er sein könnte.

Wie entstehen Schmerzen?

Viele spüren es schon beim Sitzen.

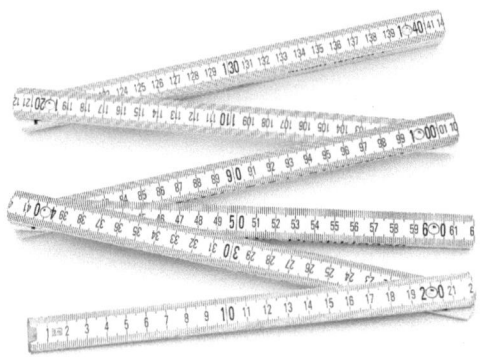

Jeder Mensch trainiert 24 Stunden täglich! Sitzen wir immer, werden bestimmte Muskeln immer kürzer.

Wie entstehen Schmerzen?

Kinder zeigen ...

... wofür Menschen gemacht sind ...

... und was auch im hohen Alter möglich ist!

Wie entstehen Schmerzen?

So fühlen sich Ihre Gelenke bei gesunder Bewegung!

Schmerz entsteht aber nicht nur durch Bewegungsmangel oder einseitige Bewegung, sondern auch durch psychische Belastungen, Umweltfaktoren und ungeeignete Ernährung.

Ich schreibe bewusst „ungeeignete Ernährung", weil ich der Meinung bin, dass jeder Mensch sich seinen individuellen Genen entsprechend ernähren sollte. Nicht alles ist für jeden geeignet, damit der Stoffwechsel optimal funktioniert. Auf diese Elemente der Schmerzentstehung gehe ich später im Buch noch etwas genauer ein.

Verständnis für unseren Körper

Unser Körper besteht aus ca. 70 Billionen Zellen. Jede einzelne Zelle muss auf ihrem Aufgabengebiet so einiges bewerkstelligen. Sie muss Leistung bringen. Die hierfür nötige Energie erzeugt sie mithilfe eigener „Kraftwerke", der sogenannten Mitochondrien. Außerdem muss sie 24 Stunden am Tag mit allen anderen Zellen unseres Körpers kommunizieren, damit unser Organismus die Herausforderungen und Ansprüche des Lebens im Alltag meistert und wir unsere Aufgaben erfüllen können. Hierbei finden permanent Stoffwechselprozesse statt. Dadurch fallen Abfälle an, die der Körper in der Lage sein muss auszuscheiden.

Die 70 Billionen Zellen unseres Körpers bilden, wenn man so will, eine Mega-Großstadt, die versorgt werden muss. Zwar ist der Vergleich mit der Großstadt stark untertrieben – denn selbst die gesamte Weltbevölkerung mit ihren rund 8 Milliarden Menschen nimmt sich gegenüber diesen 70 Billionen äußerst bescheiden aus.
Aber trotzdem ist es ein passender Vergleich. Denn auch Menschen müssen jeden Tag essen und trinken, sie brauchen Heizung, Licht und vieles mehr, um leben zu können. Deswegen muss dafür gesorgt werden, dass sie permanent mit Wasser, Nahrung, Strom, Gas und so weiter versorgt

Verständnis für unseren Körper

werden. Doch bei allem, was diese vielen Menschen tun, produzieren sie Abfall – täglich, stündlich, ja praktisch jede Sekunde. Da kommt ziemlich viel Müll zusammen, und der muss irgendwo entsorgt werden, z. B. auf Müllhalden oder in Müllverbrennungsanlagen.

Und jetzt stellen Sie sich vor, was in unserem Körper stattfindet. Damit die Zellen Energie erzeugen können, damit wir im Alltag leistungsfähig sind, ist ebenfalls eine permanente Versorgung nötig. Aber bei jedem Vorgang, der Energie produziert, entstehen am Ende auch Abfallprodukte.

Wie wird unser Körper seinen Müll wieder los?

Sehen wir uns jetzt an, welche Organe zum Ausscheiden der körpereigenen Abfälle, der sogenannten Stoffwechselendprodukte, beitragen.

Die Nieren sind ein wichtiges Ausscheidungsorgan. Im Darm sitzen 80 Prozent unseres Immunsystems, und er ist mit einer Unzahl von Nerven durchzogen. Außerdem findet die Entgiftung zum Teil über unsere Haut und über die Lungen statt.

Am meisten aber leistet in dieser Hinsicht die große Chemiefabrik unseres Körpers: die Leber. Sie ist das größte und wichtigste Stoffwechselorgan, auch für die Ausscheidung

Verständnis für unseren Körper

von Stoffwechselabbauprodukten und für die Entgiftung – egal ob es dabei um körpereigene oder um fremde Stoffe wie z. B. Medikamente geht.

Was aber kann man tun, damit diese Organe bestmöglich funktionieren und die Aufgaben wahrnehmen können, für die sie zuständig sind?

Schmerzen als Hinweis auf falsche Lebensweise

Unsere Ausscheidungs- und Entgiftungsorgane sollen, ebenso wie alle anderen Organe auch, optimal funktionieren – trotz schlechter Ernährung, Bewegungsmangel, Stress, psychischer Belastungen und Umweltverschmutzung. Ich weiß, auch Ihnen ist eines klar: So kann es nicht gehen.

Wenn wir an all diesen genannten Rahmenbedingungen nichts ändern, tritt eine Reihe von typischen Symptomen auf: Wir fühlen uns chronisch müde, merken, dass wir nicht richtig fit sind. Schließlich funktioniert auch unser Denken nicht mehr so, wie es soll – der Geist verschließt sich, wir sind nicht mehr offen und neugierig, sondern stumpfen ab. Gereiztheit und schlechte Laune treten hinzu. Es kommt zu Verstopfung, die Muskeln und Faszien (Bindegewebe) übersäuern, verkürzen und verspannen sich. Stoffwechselendprodukte lagern sich ab.

Und dann kommen die Schmerzen. Wieso eigentlich?

Unser Körper degeneriert im Laufe der Zeit durch unser Verhalten immer mehr, zunächst ohne dass wir es mitbekommen. Doch bevor „das Fass zum Überlaufen kommt", meldet sich ein Schmerz. Es ist der schon erwähnte Signalschmerz, der uns sozusagen zum Umdenken ermahnt. Er sagt uns: Hier stimmt was nicht, es geht in eine Richtung, mit der der Körper auf Dauer nicht mehr fertig wird. Wir müssen diese Situation erkennen und verstehen, und wir müssen die Bedingungen schaffen, die eine Heilung möglich machen.

Übernehmen Sie die Verantwortung für sich selbst

Es gibt Menschen, die auf diesen Signalschmerz nicht angemessen reagieren. Sie suchen nach Schuldigen.

Ist vielleicht der Arzt an meinem Schmerz schuld? Meine Freunde? Meine Familie? Meine Arbeit? Mein Therapeut? Die schlimmen Zeiten auf unserer Erde mit all den Konflikten?

Solchen Menschen muss ich antworten: Niemand und nichts davon! Denn Sie und nur Sie sind verantwortlich für

Verständnis für unseren Körper

sich selbst. Niemand anderes als Sie hat Sie in diese Situation gebracht. Sicherlich können auch äußere Einflüsse wie z. B. Unfälle eine Rolle spielen. Aber trotzdem haben Sie selbst die wesentlichen Einflussfaktoren in der Hand. Übernehmen Sie die volle Verantwortung für Ihre Gesundheit, jeden Tag aufs Neue. Achten Sie darauf, welche Möglichkeiten Sie Ihrem Körper über Nahrung, Bewegung, Psyche und Umwelt eröffnen. Geben Sie ihm nur das Beste und pflegen Sie ihn!

Leider kann man beobachten, dass viele Menschen zur – vermeintlichen! – Lösung ihrer Schmerzprobleme eine „einfache Variante" bevorzugen: Sie nehmen willkürlich Medikamente ein, die sie sich oft in Eigenregie „selbst verschreiben". Ich habe sogar schon erleben müssen, dass Kinder bei Kopfschmerzen einfach mal schnell zu einer Schmerztablette greifen. Offenbar sind sich nur die wenigsten darüber im Klaren, dass sie damit ihren Körper zusätzlich belasten und die Leber noch mehr arbeiten muss.

Gerade unsere Leber ist durch die vielfach industriell verarbeitete, schlechte Nahrung, die wir zu uns nehmen, ohnehin schon mit jeder Menge Entgiftungsaufgaben beschäftigt.

Verständnis für unseren Körper

Wenn dann noch Medikamentenmissbrauch hinzukommt, kann es kritisch werden.

Es ist kein Wunder, dass viele Menschen heutzutage über häufige Müdigkeit klagen. Ich bin mir sicher, dass der Grund oft in den Höchstleistungen liegt, die sie ihrer Leber abverlangen. „Müdigkeit ist der Schmerz der Leber", lautet ein unter Medizinern bekannter und sehr zutreffender Spruch. Dieses Frühsymptom von Leberleiden tritt manchmal bereits auf, wenn sich die Leberwerte noch im normalen Bereich bewegen.

Die Aufgaben des Therapeuten

Was machen aber nun viele Menschen bei plötzlichen Rückenschmerzen oder Kopfschmerzen oder bei Schmerzen in anderen Körperregionen? Natürlich man geht als Erstes zum Therapeuten. Das kann ein Arzt sein, ein Heilpraktiker, ein Physiotherapeut oder andere Personen des Vertrauens. Diese Therapeuten sollen dann die Ursache finden und am besten die Schmerzen in null Komma nichts verschwinden lassen.

Aber ist das immer die Aufgabe des Therapeuten?

Ich denke nicht. Ich denke eher, die Aufgabe ist, den Patienten genau zu seiner Lebensweise zu befragen. Nach

Verständnis für unseren Körper

einer ausführlichen Anamnese kann man ihm dann erklären, was er *tun* sollte, um aus dieser seiner Situation wieder herauszukommen.

Wir Therapeuten geben den Menschen nach bestem Wissen und Gewissen eine Hilfestellung. Wir teilen mit ihm das, was wir wissen und was wir in unserer Ausbildung und auf Fortbildungen gelernt haben. Wir stellen ihm sozusagen das Equipment zur Verfügung, das er braucht, um seine Lage zu verbessern. Aber umsetzen muss alles der Patient selbst.
Ich bin überzeugt: Nur dann, wenn der feste Wille vorhanden ist, etwas an seinem täglichen Leben zu verändern, kann auch langfristig Heilung und Gesundung eintreten.

Was ist aber jetzt die bessere Medizin? Nachsorge oder Prophylaxe?
Natürlich Prophylaxe. Dementsprechend sollten Sie alles dafür tun, dass Sie gesunde Lebensmittel zu sich nehmen und sich ausreichend bewegen. Aber fragen Sie sich auch, ob es in Ihrem Umfeld Dinge gibt, die Sie psychisch belasten – egal ob in der Arbeit, in Ihrer Beziehung oder sonst wo. Denn möglicherweise tragen Sie in Ihrem Unterbewusstsein gefährliche Quellen von Dauerstress mit sich herum, die

| **Verständnis für unseren Körper**

auch Ihrem Körper auf lange Sicht Schaden zufügen. Wer solchen Frust über einen längeren Zeitraum in sich hineinfrisst, kann ähnliche Symptome entwickeln wie jemand, der im klassischen Sinne ungesund lebt.

Ursachen von Schmerzen sind vielfältig

Schmerzen in unserem menschlichen Bewegungsapparat sind, was ihre Entstehung und Ausprägung angeht, in etwa so vielfältig wie die Tierwelt auf dieser Erde. In den bisher zehn Jahren meiner Tätigkeit als Therapeut ist mir etwas klar geworden, was eine gute Nachricht ist (jedenfalls dann, wenn man bereit ist, die richtigen Konsequenzen zu ziehen): Hinter solchen Schmerzen in unserem Körper muss keineswegs immer eine manifeste Krankheit stecken. Nur in rund 15 Prozent der Fälle werden die Schmerzen durch Ursachen wie Tumoren, Brüche oder Infektionskrankheiten wie Lyme-Borreliose hervorgerufen.

Zu den restlichen 85 Prozent der Schmerzen sind auch die sogenannten rheumatischen Beschwerden zu rechnen, Erkrankungen wie etwa Arthrose oder Fibromyalgie, um nur zwei Beispiele zu nennen. Diese Diagnosen sagen oft wenig über die tatsächliche Ursache der Schmerzen oder der an-

Verständnis für unseren Körper

deren Symptome aus. Der Schlüssel zur Besserung ist hier meist in unserem Lebensstil zu suchen. Fast ständig sitzen, Arbeit am Schreibtisch oder Stehen an der Maschine, all das ist eben nicht gesund, vor allem wenn man diese Einseitigkeiten nicht gezielt durch ausgewogene Bewegung auszugleichen versucht.

Die nächste Frage, die man in einem solchen Fall stellen sollte, ist: Welche Einflüsse haben psychische Faktoren auf das Schmerzgeschehen? Denn die Seele wirkt auf unseren Körper ein, und ebenso wirken sich körperliche Symptome oder Schmerzen auf unsere Seele aus – eine Wechselwirkung, die zeigt, dass Körper und Geist eine Einheit bilden.

Die vorn (Seite 26) schon beschriebenen Verkürzungen und Spannungen in unserer Muskulatur und unserem Bindegewebe, den Faszien, müssen ihre tiefere Ursache nicht immer im Bewegungsapparat selbst, in Einseitigkeiten der Körperhaltung haben. Genauso gut können sie eine Folge schlechter Ernährung oder psychischer und emotionaler Belastungen sein. Unglücklichsein, etwa in der Partnerschaft, kann genauso körperliche Symptome hervorrufen wie falsches Bewegen.

Verständnis für unseren Körper

Nicht die Gene sind entscheidend

Haben Sie gewusst, dass unser Organismus darauf ausgelegt ist, rund 120 Jahre alt zu werden? Warum nimmt man es dann als vollkommen normal hin, wenn jemand mit vierzig Jahren Arthrose hat, warum behauptet man, es habe eben einfach mit dem Alter zu tun?
Sogar bei Kindern wird heutzutage manchmal Arthrose diagnostiziert.
Es hat nämlich nichts mit dem Alter zu tun, sondern damit, wie wir unser Leben gestalten. Es gibt sehr viele Menschen, die über achtzig oder sogar neunzig Jahre alt sind und fitter als mancher Zwanzigjährige.

Jetzt könnte man sagen, so jemand hat einfach gute Gene bekommen. Viele nutzen das auch als Argument. Aber vielleicht haben ja diese Menschen einfach anders gelebt, als es heute viele tun?
Vielleicht haben sich diese alten Menschen bis zum heutigen Tag einfach richtig bewegt und haben schon immer Sport gemacht? Vielleicht essen sie nicht permanent industriell hergestellte Nahrungsmittel, sondern eben frische Produkte? Trinken täglich zwei, drei Liter gesundes Wasser, rauchen nicht und trinken nicht regelmäßig Alkohol? Waren immer

Verständnis für unseren Körper

glücklich in ihren Beziehungen in der Partnerschaft, im Beruf und im Freundeskreis – also im Reinen mit sich selbst?
Ich denke, durch prophylaktische Maßnahmen dieser Art könnten auch Menschen mit nicht so guten genetischen Voraussetzungen im Alter schmerzfrei werden bzw. bleiben und eine hohe Lebensqualität genießen.

Aber wieso argumentieren Menschen, die nicht bewusst leben, so gern mit den Genen? – Der Fall dürfte klar sein: weil es der einfachere Weg ist.
Wer von uns weiß denn überhaupt, ob er gute oder schlechte Gene hat? – Ich denke, kein Mensch weiß es, außer es liegt eine genetische Erkrankung vor. Aber wie viele Menschen haben offensichtlich eine genetische Erkrankung? Zweifellos ein sehr geringer Prozentsatz, ich vermute, er geht, im Vergleich zur gesamten Weltbevölkerung, gegen null.
Diese Argumentation sticht nicht und ist aus meiner Sicht einfach ein Vorwand, um nichts an seiner gewohnten Lebensweise verändern zu müssen.
Aber nicht andere leben Ihr Leben, sondern allein Sie selbst!

Welche Ebenen werden durch Bewegung angesprochen?

Zentrales Nervensystem

Beim Training werden nicht nur die Muskeln über die Faszien angesteuert, sondern es wird über das zentrale Nervensystem auch das Gehirn involviert. Die Nerven, welche die Muskeln versorgen, werden stimuliert. Qualitative Bewegung trainiert den Körper in seiner Ganzheit.

Durch verschiedene Ansteuerungsbewegungen verbessern sich Koordination und Wahrnehmung. Die Verknüpfung der Nervenzellen, geistige Offenheit und Kontrolle werden gestärkt, und sogar das Selbstbewusstsein wird durch Ausschüttung von Glückshormonen gefördert.

Förderung der Durchblutung

Durch Bewegung werden auch unsere Blutgefäße und unser Herz-Kreislauf-System positiv beeinflusst. Bewegung und vor allem Beweglichkeit bewirken, dass auch unsere Gefäße beweglicher bleiben.

Wenn sich das Bindegewebe und die Muskulatur entspannen, normalisieren sich die Druckverhältnisse in unseren Blutgefäßen. Das Blut kann besser fließen, Nährstoffe gelangen problemloser in die Zellen, und das wiederum ist wichtig, damit diese genügend Energie für uns produzieren können. Wenn unsere Zellen nicht genügend guten „Treibstoff"

Welche Ebenen werden durch Bewegung angesprochen?

bekommen – in Form von Vitaminen, Mineralstoffen, Spurenelementen usw. –, dann versagen ihre „Kraftwerke", und wir fühlen uns müde, schlapp, antriebs- und kraftlos. Wir sind gereizt, unser Allgemeinbefinden ist einfach nicht mehr gut.

Damit die Zellen ihren nötigen Treibstoff bekommen, ist zunächst gesunde Ernährung die allererste Voraussetzung. Aber auch die Fließeigenschaften des Blutes verdienen Aufmerksamkeit. Damit sie stets optimal sind, ist ausreichend Flüssigkeitszufuhr in Form von reinem Wasser erforderlich.
Ich empfehle jedem gesunden Menschen, täglich mindestens 2 Liter reines Wasser zu trinken. Zusätzlich sollten Sie ausreichend weitere Flüssigkeit mit der Nahrung zu sich nehmen, z. B. indem Sie Obst essen.
Achten Sie außerdem darauf, dem Körper gesunde Fette zuzuführen. Reduzieren Sie tierische Fette auf ein Minimum und bevorzugen Sie stattdessen pflanzliche Öle. Auch das hat eine große Bedeutung für die Fließeigenschaften Ihres Blutes, denn damit beugen Sie Ablagerungen an den Gefäßwänden vor.

Welche Ebenen werden durch Bewegung angesprochen?

Psychische und emotionale Ebene

Bewegung macht Spaß, sie schafft Freude und Wohlbefinden. So lässt sie uns manchmal intensive Glücksgefühle empfinden.

Körperliche Aktivität ist ein natürliches Antidepressivum, wenn sie mit Freude und Spaß betrieben wird. Sie können sich auspowern, den Stress des Alltags hinter sich lassen, dadurch wandeln sich negative Emotionen in positive.

Ziehen Sie jedoch – unabhängig davon – alle Bereiche der negativen Stressentstehung in Betracht: Stress im Beruf, Stress in der Beziehung oder im Bekanntenkreis, Stress mit dem momentanen Wohnort oder Aufenthaltsort.

Mit Bewegung kann zwar die Stressentwicklung reduziert beziehungsweise durch Ausschüttung von Glückshormonen für den Moment ausgeblendet werden. Ich muss aber ergänzend hinzufügen: Wenn man langfristig ganzheitlich schmerzfrei werden möchte, dann ist es möglicherweise nötig, sein gesamtes Umfeld auf den Prüfstand zu stellen.

Die fünf Elemente der Schmerzentstehung

Aufgrund meiner Praxis habe ich eine einfache Formel für die Schmerzentstehung entwickelt.
Danach sind es fünf Elemente, die bei Schmerzen ursächlich sind: Bewegungsmangel, einseitige Bewegung, Psyche, Ernährung und Umwelt.
Jedes Element kann einzeln für sich ein Auslöser von Schmerzen sein. Aber erfahrungsgemäß spielt meist die Kombination mehrerer Elemente eine Rolle. Ich konnte feststellen, dass am häufigsten ein Zusammentreffen von einseitiger Bewegung oder Bewegungsmangel, Psyche und Ernährung für die Schmerzen meiner Patienten verantwortlich ist.

Auf den folgenden Seiten werde ich die fünf Elemente der Schmerzentstehung im Einzelnen behandeln und Ihnen ganz einfach erklären, wie jedes einzelne in Ihrem Körper wirkt.

Element I: Bewegungsmangel
Es ist keine ganz neue Erkenntnis: Wir Menschen bewegen uns leider nicht mehr genügend beziehungsweise fast gar nicht mehr. Die Lebensumstände haben sich in unserer Zeit gravierend geändert. Eigentlich ist es fast schon wieder lustig: Noch nie wurde so viel von Mobilität geredet – aber keiner mehr bewegt sich, jedenfalls nicht körperlich. Vielmehr sieht

Die fünf Elemente der Schmerzentstehung

die „Mobilität" so aus, dass wir sogar schon die 200 Meter bis zum nächsten Supermarkt mit dem Auto zurücklegen, anstatt zu laufen.

Aber selbst wenn wir das Fahrrad benutzen: Auch damit geben wir unserem Körper nicht die vielseitige Bewegung, die er braucht. Auf dem Fahrrad sitzt man nämlich auch – genauso wie im Auto (somit wäre das Fahrradfahren zwar nicht unter „Bewegungsmangel", wohl aber unter „einseitiger Bewegung" anzusprechen). Wir sitzen ohnehin schon beim Essen, bei der Arbeit, im Kino, und – wir erinnern uns – selbst beim Schlafen sitzen wir etwa sieben, vielleicht acht Stunden pro Tag.

Da kommt einiges zusammen, bei vielen Menschen rund fünfzehn Stunden. Ständig sind unsere Beine und Arme angewinkelt und nach vorne ausgerichtet.

Kann das gesund sein für Ihren Körper, liebe Leser? Ich denke nicht, und die Erfahrung aus der Praxis zeigt dieses auch. Durch den ständigen Bewegungsmangel baut unser Körper immer mehr ab. Die Muskeln bilden sich zurück und verkürzen sich, genauso die Faszien (Bindegewebe) und die Sehnen. Der Stoffwechsel in unseren Zellen verändert sich, er wird langsamer und träger, mit Symptomen wie Müdigkeit,

Die fünf Elemente der Schmerzentstehung

Antriebslosigkeit und Lustlosigkeit. Auch die Verdauung wird negativ beeinflusst. All das zusammen macht uns nach und nach krank.

Element 2: Einseitige Bewegung

Wir alle leben in einer technologisch geprägten Welt, in der Computer, Mobiltelefone, Maschinen und Robotertechnologie immer mehr werden. Es ist uns so gut wie unmöglich, diesem Prozess zu entkommen. Der Wandel geht immer schneller vonstatten und beeinflusst unseren ganzen Alltag und natürlich auch unsere Bewegungsmuster.

Unsere Körperhaltung ist die meiste Zeit nach vorne ausgerichtet. Unsere Arme sind angewinkelt und unsere Unterarme liegen auf dem Tisch und bedienen die Tastatur des Computers oder die Maus.

Dadurch können Schmerzen entstehen. Die minimalen Bewegungen der Gelenke und der Muskulatur führen nicht selten zu Sehnenscheidenentzündung, Schulter-Arm-Schmerzen oder Karpaltunnelsyndrom – um nur einen kleinen Teil der möglichen Krankheitsbilder zu erwähnen.

Aber natürlich reicht die Intensität solcher Bewegungen bei Weitem nicht aus, um unseren Körper in all seinen möglichen

Die fünf Elemente der Schmerzentstehung

Facetten ausreichend mit Sauerstoff und Nährstoffen zu versorgen. Unsere Muskeln und Faszien leiden, wenn man es so ausdrücken will, Hunger.

Die Folgen wurden bereits beschrieben: Die Muskeln verkürzen sich stark, und dies wiederum führt dazu, dass eine ungleichmäßige Belastung der Gelenke entsteht. Der Körper sieht sich schließlich gezwungen, einen Schmerz zu produzieren und uns mitzuteilen: „Hier stimmt etwas nicht! Tu was, damit es wieder passt."

Hier die gute Nachricht: Es ist möglich, aus diesem Teufelskreis auszubrechen. In diesem Buch bekommen Sie von mir einige Übungen, mit denen Sie Ihrem Körper wieder die Bewegungen geben, die er benötigt.

Element 3: Psyche

Viele Menschen in unserer heutigen Zeit sind permanentem Stress ausgesetzt.
Nun muss Stress nicht immer etwas Negatives sein, Experten sprechen gerne vom „guten Stress". Nur leider zeigt die Realität, dass bei vielen der Stress eben ganz und gar nicht positiv ist, sondern den Organismus massiv belastet.

Die fünf Elemente der Schmerzentstehung

Die Erfahrung aus der Praxis zeigt außerdem, dass fast alle Menschen Belastungen aus der Vergangenheit mit sich herumschleppen und so eine Riesenlast auf ihren Schultern oder ihrem Rücken tragen.

Dazu sollten Sie wissen: Unsere Muskulatur ist ein riesiger Speicher von Emotionen. Auf diese Weise können diverse Traumata oder andere seelische Belastungen zu Schmerzen in unserem Bewegungsapparat führen.

Manchmal sind es ganz simple psychische Prozesse, die uns derartige Erscheinungen bescheren. Oft werden sie uns gar nicht einmal bewusst. Irgendein völlig banales Ereignis, ein alltäglicher Reiz, bewirkt eine seelische Anspannung, die unsere Muskulatur unwillkürlich verkrampfen lässt. Wenn solche Spannungszustände der Muskulatur permanent werden, spricht man von Verspannungen, und diese führen wiederum zu Schmerzen. Denn durch diese Verspannungen bekommen unsere Gelenke extrem viel Zug und Druck – und was dann passiert, wissen Sie bereits.

Ich kann nicht oft genug betonen, dass dieser Schmerz – verzeihen Sie mir diese Aussage – eigentlich etwas Positives ist:

Die fünf Elemente der Schmerzentstehung

Er soll uns nämlich warnen und so unseren Körper vor dauerhafter Schädigung bewahren.

Das bedeutet: Es ist, ganzheitlich gesehen, dringend ratsam, dass man sich solche Belastungen der Psyche bewusst zu machen versucht und sie nötigenfalls therapieren lässt. Nur so kommt es zu einer umfassenden Gesundung in allen Bereichen.

Aber qualitative Bewegung ist so oder so ein erster Schritt zur Besserung. Erinnern Sie sich: Körper und Geist sind eine Einheit, sie stehen in engster Wechselbeziehung. Daher kann auch körperliches Training kleinere psychische Belastungen auflösen und einen erheblichen positiven Beitrag zu Ihrer Gesundheit und Ihrem Wohlbefinden leisten.

Sollte aber eine ernsthafte und dauerhafte seelische Belastung dahinterstehen, bitte ich Sie, mit einem Fachmann zu sprechen und die Hintergründe professionell abklären lassen.

Element 4: Ernährung

Vielleicht denken Sie jetzt: Oh je, schon wieder ein Patentrezept dafür, wie man sich garantiert gut und gesund ernährt. Aber keine Angst: Ich möchte das Thema anders angehen.

Die fünf Elemente der Schmerzentstehung

Ich werde Ihnen nur kurz einige Grundlagen erläutern, die Sie bei Ihrer Ernährung bedenken sollten. Es gibt ja den schönen Spruch: „Du bist, was du isst". Und ich finde, er trifft den Nagel auf den Kopf.

Unser Zellstoffwechsel benötigt bioverfügbare hochwertige Ernährung. Das heißt, sie muss ausreichend Vitamine, Spurenelemente, Mineralstoffe und vieles andere enthalten, damit alles in unserem Innenleben perfekt funktioniert.
Aber in unserem Essen ist all das nicht automatisch enthalten. Wichtig ist in diesem Zusammenhang die Unterscheidung zwischen Lebensmitteln und Nahrungsmitteln.
Unter „Lebensmittel" verstehe ich die Ernährung, die wir zum Leben brauchen: hochwertiges Essen, das z. B. Ballaststoffe, Vitamine, Spurenelemente, ungesättigte Fettsäuren und essenzielle Aminosäuren enthält.

„Nahrungsmittel" dagegen sind zwar essbar und liefern auch Kalorien, aber sie enthalten keine oder zu wenige von den Inhaltsstoffen, die ich gerade aufgezählt habe.
Darunter fällt etwa industriell hergestellte Nahrung, die im eigentlichen Sinne keine Verwendung in unserem Körper findet. Chips, Schokolade oder Limonaden etwa wären unter

Die fünf Elemente der Schmerzentstehung

die „Nahrungsmittel" zur rechnen – aber das sind nur Beispiele, es gibt etliches andere, das viele von uns häufig essen und das ebenfalls unter diese Kategorie fällt.

Wenn Sie ein Auto besitzen, wissen Sie, dass es nicht nur Benzin oder Diesel als Treibstoff braucht – also „Nahrungsmittel", wenn ich so sagen darf –, sondern dass von Zeit zu Zeit auch das Motoröl nachgefüllt oder gewechselt werden muss. Das ist für das Auto quasi ein „Lebensmittel", und bei zu niedrigem Ölstand oder verbrauchtem Öl geht sozusagen sein „Herz", sein Motor kaputt.
Jeder Autobesitzer wird also darauf achten, dass der Ölstand stets stimmt und dass der Ölwechsel pünktlich durchgeführt wird. Das richtige Motoröl für ein bestimmtes Automodell ist meist nicht billig, aber niemandem ist das Geld dafür zu schade.

Was aber stellt man leider im Alltag fest? Vielen Menschen ist das Geld für sich und ihren „Motor", den Körper, zu schade. Sie kaufen nicht die beste Nahrung, sondern billige Produkte, Produkte aus Massentierhaltung, Produkte, die null Nährstoffe besitzen und einfach leer sind. Aber gleichzeitig möchten diese Menschen fit, gesund, schmerzfrei sein.

Die fünf Elemente der Schmerzentstehung

Geht das? Nein, auf Dauer geht das nicht. Irgendwann streikt der Motor, und man wird krank. Dann soll es schnell eine Pille sein, die gegen alles wirkt – und danach macht man genauso weiter wie vorher.

Unsere Nahrung hat ungeheuer großen Einfluss auf die Schmerzentstehung in unserem Körper, aber vielen Menschen scheint das gleichgültig zu sein.
Nahrung, durch die sich in unserem Körper Säuren bilden, ist ein perfekter Nährboden für die Entstehung von verschiedenen Krankheiten. Sie fördert die Vermehrung von Krankheitserregern wie Bakterien, Viren und Pilzen. Auch die Entstehung von Arthrose wird durch schlechte Ernährung begünstigt: durch zu viele Säurebildner wie Fleisch, Chips, Süßigkeiten oder Limos.
Dann läuft folgender Mechanismus ab: Die Muskulatur und das gesamte Gewebe übersäuern und machen den Zugang zu den Zellen nach und nach undurchlässig. Diese Verklebungen nehmen im Laufe der Jahre zu, und das wiederum bewirkt Spannungen und erhöhten Druck auf unsere Gelenke. So entstehen Schmerzen, und wir fragen uns: Woher kommen plötzlich meine Rückenschmerzen, Armschmerzen, meine Migräne?

Die fünf Elemente der Schmerzentstehung

Element 5: Umweltfaktoren

Das letzte Element darf man gerade heutzutage nicht außer Acht lassen: die Einflüsse auf den Menschen und auf unseren Körper durch Umweltfaktoren. Besonders aktuell sind hier z. B. Strahlung von Mobiltelefonen, radioaktive Strahlung oder Elektrosmog. Fernseher, Stereoanlagen und Mobiltelefone im Schlafraum, aber auch Wasserbetten sind absolut ungünstige Faktoren, wenn es um den so wichtigen gesunden Schlaf geht.

Vielen ist nicht bewusst, dass diese Strahlungen aus elektrischen oder elektronischen Geräten unsere Zellen dauerhaft stressen. Wir nehmen diesen Stress nicht bewusst wahr, aber unsere Muskulatur reagiert darauf. Sie wird durch ihn so beeinflusst, dass sie unnötig übersäuert.
Deswegen ist es sinnvoll, dass wir zumindest an unserem Schlafplatz keinerlei Elektrogeräte oder Mobiltelefone stehen haben. Unser Körper braucht die Nacht zur Erholung, damit sich unsere Zellen wieder regenerieren, damit wir am nächsten Tag wieder hellwach und leistungsfähig sind.

Setzen Sie diesen Rat einfach einmal probehalber um – Sie werden feststellen, dass es Ihnen spürbar besser geht.

Die vier Bausteine ganzheitlicher Gesundheit

Gesundheit betrifft den ganzen Menschen. Sie hat mit unserem Körper zu tun, aber keineswegs nur mit dem Körper: Ihre weiteren Bausteine betreffen die Ebenen Geist, Seele und Frequenz. Auf jeden einzelnen möchte ich hier kurz eingehen.

Baustein I: Körperebene

Unser Körper ist das wichtigste und höchste Gut, das wir besitzen. Meine Beobachtungen der letzten Jahre zeigen mir allerdings, dass es leider Menschen gibt, die ihren Körper nicht richtig verstehen, vielleicht auch nicht verstehen wollen.

Dabei braucht man keineswegs Medizin studiert zu haben, um ein Gefühl für dieses Thema zu bekommen. Jeder kann leicht ein sicheres Empfinden dafür entwickeln, ob ihm etwas guttut oder nicht.

Nur lassen sich viele von den Medien oder sonstigen Einflüssen manipulieren. Bei Schmerzen, so sagt man ihnen, hilft eine Schmerztablette. Oder: Das sollst du essen und das andere nicht. Und die Menschen glauben das.

Nur die wenigsten entwickeln deswegen ein gutes Körpergefühl. Manche hatten vielleicht sogar eines und verlieren es, weil sie allzu sehr auf solche Einflüsterungen hören.

Die vier Bausteine ganzheitlicher Gesundheit

Ich sage daher immer: Hört auf euren Körper, dann bekommt ihr heraus, was für euch gesund ist.

Für meine Person ist es so, dass ich deutlich spüre: Mir tut permanentes Sitzen nicht gut. Cola in großen Mengen oder Fast Food bekommt mir nicht. Genauso ist es mit vielen anderen Dingen.

Dieses Verständnis oder Gefühl für die richtige Lebensweise und Ernährung habe ich über das Training mit meinem Körper entwickelt. Niemand hat mir ständig gesagt: „Das ist richtig für dich" – oder: „Das tut dir nicht gut".

Baustein 2: Geistebene

Unser Geist ist ständigen Einflüssen und Reizen von außen, aber auch von innen ausgesetzt.

Nehmen Sie sich einfach mal die Zeit und lassen Sie Ihren Fernseher aus. Verzichten Sie auf Ihr Mobiltelefon. Gönnen Sie Ihrem Geist Ruhe. Hören Sie bewusst auf Geräusche aus der Natur – wie die Vögel zwitschern oder wie das Wasser eines Baches plätschert und rauscht.

Oder suchen Sie die vollkommene Ruhe ganz ohne irgendwelche Geräusche.

Die vier Bausteine ganzheitlicher Gesundheit

Versuchen Sie in Ihren Alltag eine solche Oase der Ruhe einzubauen: jeden Tag einfach mal zwanzig Minuten ohne ständige massive äußere Reize. Sie werden spüren, welche Wohltat das für Ihren Geist ist, wie er wieder Kraft, Frische und Konzentration tankt – und wie Sie danach wieder wesentlich mehr Energie haben.

Baustein 3: Seelenebene
Auch unsere Seele sollte im Gleichgewicht sein. Nahezu jeder Mensch hat in seinem Leben negative Erfahrungen gemacht oder schleppt traumatische Belastungen mit sich herum, möglicherweise schon seit seiner Kindheit. Oft ist er sich gar nicht bewusst, wo sein persönliches Trauma liegt. Doch irgendein Thema gibt es wohl immer, das belastet, das dazu führt, dass man sich nicht richtig wohlfühlt und unzufrieden ist – mit der Arbeit, in der Beziehung, mit der Wohnung oder dem sonstigen Umfeld.
Zu einem gesunden Leben gehört es, dass unsere seelischen Konflikte erkannt und bearbeitet werden. Darum sollten auch Sie sich bemühen, sich bewusst zu machen, wo Sie etwas drückt und belastet. Falls Sie alleine damit nicht fertigwerden, sollten Sie sich entschließen, sich therapeutisch behandeln und begleiten zu lassen.

Die vier Bausteine ganzheitlicher Gesundheit

Baustein 4: Frequenzebene

Frequenz ist die „Schwingung", die wir aussenden. Jeder Mensch hat eine solche Frequenz, und sie ist mitverantwortlich dafür, was er in seinem Leben anzieht.

Konkret heißt das: Wenn wir permanent negativ eingestellt sind – das beginnt schon bei ganz banalen Dingen im Alltag –, dann werden wir Menschen anziehen, die genauso negativ denken wie wir. Aber die Schwingung bestimmt nicht nur darüber, mit welchen Menschen wir bevorzugt in Kontakt treten. Sie ist in einem erheblichen Maß dafür verantwortlich, was mit uns passiert, wie unser weiterer Lebensweg aussieht.

Ein Beispiel: Wenn ich eine negative Haltung gegenüber Geld habe, dann werde ich zeitlebens Schwierigkeiten mit dem Geld haben – jedenfalls solange ich meine Haltung nicht hinterfrage. Eine solche Einstellung kann verschiedene Ursachen haben. Oft ist sie anerzogen und beruht letztlich auf Glaubenssätzen, die uns die Eltern vermittelt haben. Vielleicht haben sie uns beigebracht, dass man hart für sein Geld arbeiten muss. Das kann wesentlich dazu beitragen, dass man niemals genug Geld hat, um seine Rechnungen zu bezahlen.

Die vier Bausteine ganzheitlicher Gesundheit

Wenn ich dagegen glücklich und zufrieden durchs Leben gehe, wenn ich meine Mitmenschen anlache und freundlich bin, dann werde ich auch Menschen auf dieser Frequenz begegnen. Sie werden auch mich anlachen und freundlich zu mir sein.

Sie sehen: Die Schwingung oder Frequenz ist ebenfalls ein wichtiger Baustein für ein gesundes und glückliches Leben.

Allgemeines zu den GST-Übungen

Warum Sie die GST-Übungen für sich entdecken sollten
Der Kernpunkt meines Programms für mehr Lebensqualität sind die GST-Übungen (ganzheitliche schmerztherapeutische Übungen).
Warum sind sie so wichtig und welchen Nutzen bringen sie Ihnen?

- Sie erhöhen die Stressresistenz.
- Sie steigern die Beweglichkeit.
- Sie geben Ihnen die Schmerzfreiheit zurück.
- Sie optimieren Ihren Stoffwechsel.
- Sie sind natürliche Antidepressiva.
- Ihr Energielevel kann durch sie enorm gesteigert werden.
- Ihre Fitness wird sich signifikant verbessern.
- Ihre innere Zufriedenheit wird größer werden.
- Die Durchblutung wird gefördert.
- Die Übungen können blutdruckregulierend wirken.
- Sie verbessern Koordination und Ansteuerung.
- Sie optimieren die Verdauung.

Und das sind nur die wichtigsten Vorteile!

Sie können die GST-Übungen immer und überall ohne Probleme ausführen – ob bei der Arbeit, im Urlaub oder natürlich auch daheim.

Allgemeines zu den GST-Übungen

Bevor wir beginnen, möchte ich Ihnen noch einige kurze Erläuterungen zu Bewegung bzw. Sport allgemein geben.

Qualitative und quantitative Bewegung

Die meisten Menschen nutzen ihr Bewegungspotenzial heute nur noch zu etwa 15 Prozent. Um wieder auf annähernd 100 Prozent zu kommen, muss man darauf achten, dass man sich nicht einfach bewegt, sondern die Bewegungen ausführt, die der Körper aufgrund seiner „Bauweise" und unserer Veranlagung braucht, die aber in unserem Alltag zu kurz kommen.

Oder, anders gesagt, es geht um einen Ausgleich unserer einseitigen Bewegungsmuster im Alltag. Daher sind z. B. Übungen, bei denen Sie die Arme hinter den Körper ziehen, sehr wertvoll – denn das ist eine Bewegung, die wir im täglichen Leben fast nie ausführen.

Ich unterscheide daher zwischen quantitativer und qualitativer Bewegung:

- Quantitative Bewegung benötigen wir, um unser Herz-Kreislauf System zu trainieren und uns vor diversen

Allgemeines zu den GST-Übungen

Herz-Kreislauf-Erkrankungen zu schützen. Außerdem sorgt quantitative Bewegung dafür, dass der Körper mit genügend Sauerstoff versorgt wird. Dabei spielt nur eine Rolle, *dass* wir uns bewegen, nicht, *wie* wir uns bewegen und welche Stellungen wir dabei einnehmen.

- Anders bei der qualitativen Bewegung. Sie versorgt unseren Körper gezielt mit den Haltungen, Bewegungsmustern und Ansteuerungen, die einen Ausgleich zu den Einseitigkeiten unseres Alltags ermöglichen.

Um den optimalen Gesundheitseffekt zu erzielen, empfehle ich Ihnen, einen Trainingsplan für die Woche aufzustellen. Er sollte 80 Prozent qualitative und 20 Prozent quantitative Bewegung enthalten:

Qualitative (genetische) Bewegung 80 %	Quantitative Bewegung (Ausdauerbewegung) 20 %
GST Motion Bewegungstherapie	*Joggen*
	Fahrradfahren
	Schwimmen
	Nordic Walking

Allgemeines zu den GST-Übungen

Als Einstieg in die GST Motion Bewegungstherapie zeige ich Ihnen in diesem Buch zwei einfache Übungen für zu Hause. Oder auch für unterwegs – denn mit ihnen können Sie Ihrem Körper ohne Schwierigkeiten und jederzeit Reize setzen, die er braucht.
Sie werden spüren, wie sich dadurch Ihr Wohlbefinden und ihre Beweglichkeit verbessern.

Wenn Sie das überzeugt, empfehle ich Ihnen als nächsten Schritt mein DVD-Set „Übungen zur Selbsthilfe", sofern Sie es nicht ohnehin schon mit Kauf dieses Buches erworben haben – siehe dazu bitte Seite 92.

Kurzleitfaden für die GST-Übungen

Anwendung

- bei Schmerzen des Bewegungsapparates
- zur Prophylaxe gegen Entstehung von Verspannungen, Verkürzungen und Schmerzen
- mindestens 1x täglich ca. 1–1,5 Minuten pro Seite bei Armen und Beinen
- jede Sequenz ca. 20 Sekunden ausführen

Durchführung

- langsame Bewegungen
- kontrollierte Bewegungen
- regelmäßige und ruhige Atmung
- keine stressigen Außenreize
- völlige Konzentration auf die Übung
- entspannte Atmosphäre
- Gymnastikmatte als Unterlage

Bitte beachten

- Mit den GST-Übungen wollen wir ein dynamisches muskuläres Gleichgewicht erlangen. Die Ziele sind: flexible, kräftige Muskeln, körperliche Spannungen abbauen, negative emotionale Spannungen abbauen, Schmerzen beseitigen.

Kurzleitfaden für die GST-Übungen

- Die GST-Übungen sollten immer in einer Intensität ausgeführt werden, dass wir zwar einen Dehnungsschmerz spüren, aber immer noch den Eindruck haben: Es fühlt sich prima an. Wir spüren einen Wohlfühlschmerz!

- Wenn Sie an einem akuten Schmerzzustand leiden, suchen Sie bitte einen Therapeuten Ihres Vertrauens auf, bevor Sie die Übungen durchführen, z. B. einen Arzt oder Heilpraktiker. Lassen Sie die Ursachen abklären, um ernsthafte Erkrankungen auszuschließen.

GST-Übungen zum Einstieg

Übung 1: Rückenstrecker-Dehnung

Sequenz 1 (aktiv):

Setzen Sie sich mit aufrechtem Oberkörper hin und stellen Sie die Beine so an, dass die Knie in einem 90-Grad-Winkel abgeknickt sind.

Lassen Sie dann die Knie kontrolliert, aber ganz entspannt nach außen fallen. Es sollte kein Zug in den Beinen zu spüren sein. Ziehen Sie aktiv Ihren Körper unter Einsatz Ihrer Bauchmuskulatur nach vorne. Versuchen Sie Ihre Hände neben den Füßen abzulegen.

GST-Übungen zum Einstieg

Sequenz 2 (passiv):
Mit einer Hand fassen Sie an den Hinterkopf und mit der anderen Hand an die Zehen. Ziehen Sie nun mit der einen Hand vorsichtig Ihren Kopf mit dem Kinn in Richtung Brust. Mit der anderen Hand ziehen Sie Ihren Oberkörper weiter nach vorne in Richtung der Füße.

Sequenz 3 (Kräftigung):
Nun bauen Sie eine isometrische Spannung auf. Steuern Sie dazu den Kopf und Ihren Oberkörper so an, dass Sie das Gefühl haben, sich in beiden Bereichen wieder aufzurichten.
Ihre Hand hält aber Ihren Kopf und Körper weiter in der nach vorne gebeugten Position.

| GST-Übungen zum Einstieg

Übung 1: Rückenstrecker-Dehnung

Sequenz 4.1 (Dynamik):
Ziehen Sie mit Ihrer Hand am Hinterkopf Ihren Körper sanft noch mehr in die Wohlfühldehnung hinein. Lösen Sie nur minimal wieder nach oben auf und ziehen Sie sich dann nochmals ein wenig mehr in die Dehnung hinein. Fünfmal wiederholen.

GST-Übungen zum Einstieg

Sequenz 4.2 (aktiv):
Jetzt ziehen Sie nochmals aktiv den Oberkörper so weit wie möglich nach vorne in die Dehnung. Langsam lösen Sie sich aus der Dehnung und legen sich dann mit dem Rücken flach auf den Boden. Auch der Hinterkopf berührt den Boden.
Nun bringen Sie noch die Lendenwirbelsäule bewusst Richtung Boden, sodass kein Hohlkreuz mehr besteht.
Diese Position ca. 10 Sekunden halten und dann entspannen.

| GST-Übungen zum Einstieg

Übung 2: Brust- und Bizeps-Dehnung Linke/rechte Seite

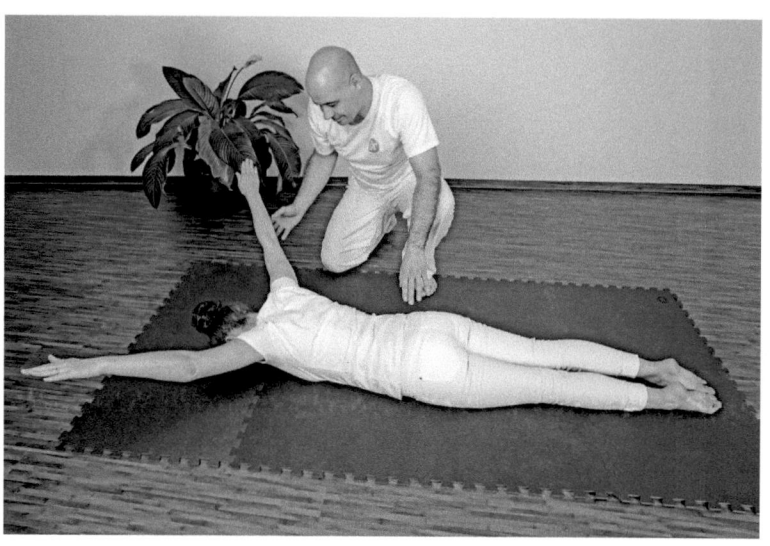

Sequenz 1 (aktiv):

Legen Sie sich auf den Bauch, die Stirn auf dem Boden. Beide Arme werden mit den Handflächen nach unten in einem Winkel von ca. 45 Grad nach vorn neben den Kopf abgelegt.
Nun mit eigener Muskelkraft die Arme in diesem Winkel gestreckt nach oben ziehen und vom Boden abheben lassen.

GST-Übungen zum Einstieg

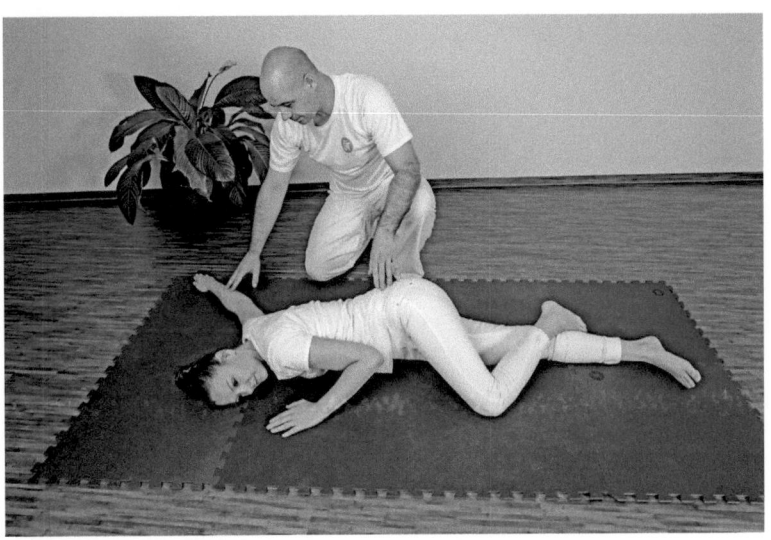

Sequenz 2 (passiv):
Den rechten Arm im Winkel von 45 Grad gestreckt und mit Handfläche nach unten auf dem Boden ablegen. Armbeuge und Schulter am Boden lassen und langsam mit Oberkörper und Becken nach links rotieren. So bewirken Sie eine Dehnung.

Sequenz 3 (Kräftigung):
Sie drücken den rechten Arm im gestreckten Zustand Schritt für Schritt stärker gegen den Boden, sodass eine Anspannung der Brust und des Bizeps-Muskels zu spüren ist.

GST-Übungen zum Einstieg

Übung 2: Brust- und Bizeps-Dehnung Linke/Rechte Seite

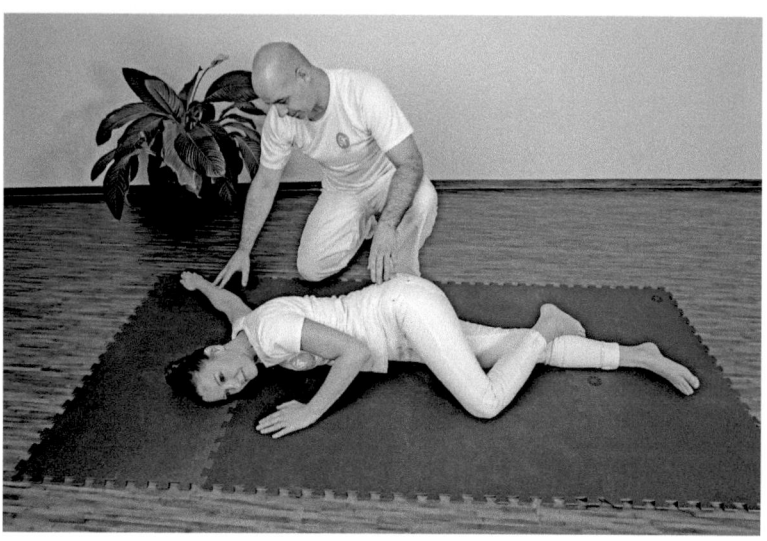

Sequenz 4.1 (Dynamik):
Rotieren Sie mit dem Oberkörper gleichmäßig mehr in die Brust- und Bizeps-Dehnung. Dann lösen Sie die Dehnung wieder ein Stück weit auf und rotieren erneut hinein.
Lassen Sie fünf sanfte Wiederholungen folgen.

GST-Übungen zum Einstieg

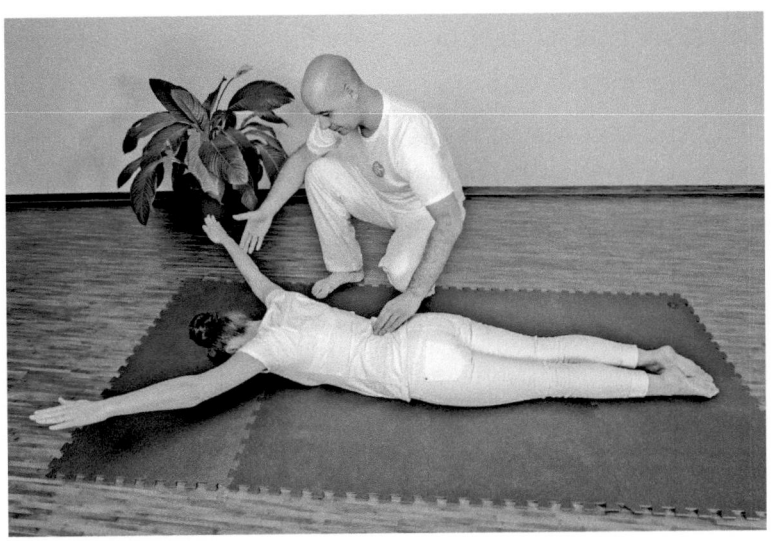

Sequenz 4.2 (aktiv):
Jetzt legen Sie sich wieder auf den Bauch und heben nochmals beide Arme im Winkel von 45 Grad im gestreckten Zustand mit den Handflächen nach unten vom Boden ab. Versuchen Sie erneut, mit eigener Kraft die Arme so weit wie möglich nach oben zu ziehen.

Wiederholen Sie alle Sequenzen spiegelverkehrt (den linken Arm gestreckt ablegen und Oberkörper und Becken nach rechts rotieren).

Fallbeispiele aus der Praxis

Um zu demonstrieren, welche die Möglichkeiten die GST Schmerztherapie und die GST Motion Bewegungstherapie bieten, möchte ich hier noch zwei Erlebnisse schildern, die beide aus meiner eigenen Praxis stammen. Sie zeigen, dass sich mit dieser Methode auch in scheinbar verwickelten Fällen gute Ergebnisse und dauerhafte Schmerzfreiheit erzielen lassen.

Merkwürdige Probleme im Hüftbereich

Ein Mann kam zu mir in die Praxis und klagte über Schwäche und Schmerzen im rechten Hüftbereich sowie im unteren Rücken, die speziell beim Aufstehen nach dem Sitzen auftraten. Die Schwäche im Hüft- und Gesäßbereich ging so weit, dass der Patient beim Aufstehen kurz wegkippte.

Ich behandelte den Patienten in der ersten Sitzung mit meiner GST Schmerztherapie am großen Gesäßmuskel und im unteren Rückenbereich. Dabei stach mir eine sehr auffällige Erscheinung ins Auge: Der große Gesäßmuskel zitterte und pulsierte extrem, vor allem der rechte Gesäßbereich, wo auch die Schmerzen am stärksten waren.
Im Laufe der Behandlung ging dieses Zittern nach und nach immer mehr in eine Entladung bzw. in eine Entspannung

Fallbeispiele aus der Praxis

des Gesäßmuskels über. Man spürte förmlich, wie die verkrampfte Muskulatur allmählich locker wurde.

Nach der Behandlung spielten wir die Situation, die den Schmerz ausgelöste hatte, wieder durch: Sitzen und Aufstehen. Zum Erstaunen des Patienten waren dieses Mal weder eine Schwäche noch Schmerzen vorhanden. Er konnte ohne Beschwerden und ohne wegzukippen aufstehen und gehen. Auch die Schmerzen im unteren Rücken waren verschwunden.

Ich zeigte dem Patienten dann noch meine GST-Schmerzfrei-Übungen für seinen Schmerzbereich, die er zu Hause jeden Tag mindestens einmal durchführen sollte. Er wandte sie auch fleißig an und konnte sich so selbst auf Dauer von den Schmerzen befreien. Es geht ihm heute richtig gut.

Heilung auf den zweiten Blick

Eine Patientin suchte meine Praxis wegen Kopf- und Rückenschmerzen auf.

Nach einer ausführlichen Anamnese begann ich mit der Behandlung. Dabei fiel mir die extreme Angespanntheit

Fallbeispiele aus der Praxis

dieser Dame auf. Die Muskulatur und das Bindegewebe waren äußerst verklebt und verspannt.

Aufgrund dieses Befundes vermutete ich, dass die Kopf- und Rückenschmerzen in diesem Fall nicht nur rein mechanische Ursachen hatten. Nein, ich vermutete es nicht nur, ich konnte es, durch meine Therapieform bedingt, regelrecht spüren. Hier war mehr im Spiel als Einseitigkeiten oder Bewegungsmangel.
Ich ging jedoch zunächst nicht ausdrücklich darauf ein, sondern fragte lediglich gezielt nach einigen Dingen, die für die Therapie von großer Bedeutung sind, um die gewünschten Ergebnisse zu erzielen.

Nach der ersten Behandlung ging es meiner Patientin spürbar besser, doch sie war nicht schmerzfrei; es bestand ein Restschmerz von etwa 50 Prozent. Auch sie bekam meine GST-Übungen für ihre Schmerzzonen und führte diese zu Hause fleißig durch. Das brachte eine weitere entscheidende Besserung.

Wir wiederholten dann die Schmerztherapie. Danach war die Patientin der Meinung, es gehe ihr sehr gut. Ich jedoch

Fallbeispiele aus der Praxis

war mit dem Therapieerfolg noch nicht vollständig zufrieden. Für mich stand noch etwas im Raum. Ich spürte: Wenn wir diesen mir bisher noch unbekannten Punkt lösen könnten, dann wären wir am Ziel, dann könnte auch diese Frau wieder schmerzfrei durchs Leben gehen.

Ich setzte noch einen dritten Behandlungstermin an. Inzwischen hatte meine Patientin großes Vertrauen zu mir gefasst. Und so kam es, dass sie sich mir bei dieser dritten Therapiesitzung vollständig öffnete.
Sie lag auf der Liege auf dem Rücken, und plötzlich rannen Tränen über ihr Gesicht. Ich fragte sie, ob alles in Ordnung sei.
Sie antwortete: „Nicht wirklich." Es gebe da einige Angelegenheiten, über die sie bisher noch mit niemanden gesprochen habe. Sie wisse nicht, warum sie sich gerade mir anvertraue, aber sie glaube, es sei für sie der richtige Weg.
Sie erzählte mir, dass sie in den letzten Monaten Schlimmes durchgemacht habe. Ihre Schwester sei kürzlich gestorben und dann ganz kurze Zeit darauf auch ihr Mann. Und dann brachen noch weitere, sehr persönliche Dinge aus ihr heraus, die sie belasteten. Sie hatte zu dieser Zeit niemanden, mit dem sie darüber sprechen konnte.

Fallbeispiele aus der Praxis

Ich gab ihr zu verstehen, dass es absolut in Ordnung sei, wenn sie im Rahmen der Therapie ihren Gefühlen freien Lauf lasse, und dass ich es super finde, wenn sie über diese Dinge sprechen könne.

Nach dieser dritten Behandlung stand die Dame auf und sagte zu mir: „Herr Weber, ich fühle mich so gut wie schon lange nicht mehr. Ich spüre nur noch Leichtigkeit und keine Schmerzen mehr." Sie bedankte sich noch mehrmals, und ich konnte sie nach Hause schicken. Sie war geheilt.

Ich halte es für wichtig, Ihnen solche Erfahrungen mitzuteilen. Sie zeigen etwas, was ich weiter vorn im Buch schon erwähnt habe: Massive Schmerzsymptome und Belastungen des Bewegungsapparats, Verspannungen und Verklebungen in Muskeln und Bindegewebe – all das kann auch Ursachen auf der psychischen und emotionalen Ebene haben. Seelische Probleme werden oft sozusagen körperlich abgespeichert. Nicht nur bei der eben von mir erwähnten, auch bei vielen anderen Schmerzgeschichten ist ein psychischer Anteil mit vorhanden. Ich konnte und kann das bei meinen Patienten immer wieder beobachten.

Das sagen Teilnehmer des GST Motion Trainings

Nachdem ich selbst ein wenig aus meiner Praxis erzählt habe, möchte ich noch einige meiner Patienten und Trainingsteilnehmer zu Wort kommen lassen. Welche Erfahrungen haben sie mit GST-Motion-Übungen gemacht?

Man lernt seinen Körper kennen
Seit vielen Jahren bin ich Mitglied bei Thomas Weber im GST Motion Training. Normalerweise nehme ich etwa zweimal die Woche am Training teil.

Auf dieses Bewegungstraining bin ich durch die GST-Schmerztherapie-Behandlung gestoßen. Die Behandlung habe ich wegen chronischer Beschwerden im unteren Rücken (an der Lendenwirbelsäule) durchführen lassen. Die Therapie hat gut angeschlagen, aber die Schmerzen sind durch sie nicht dauerhaft vollständig verschwunden. Das laufende Training in GST Motion ist daher eine ideale Ergänzung. Voraussetzung für einen Erfolg ist ein kontinuierliches Training, am besten auch täglich zu Hause.

Als ich mit dem Training anfing, hatte ich undefinierbare Schmerzen, die ohne Vorankündigung wie kleine Blitze ins Bein oder in die Arme schossen. Das war immer sehr schmerzhaft. Es fühlte sich an wie ein Krampf (was es aber mit Sicherheit nicht war).

| **Das sagen Teilnehmer des GST Motion Trainings**

Nach etwa drei Monaten GST Motion Training war ich vollständig schmerzfrei! Ich mache aber weiter, damit das auch so bleibt.

Das GST Motion Training ist nicht nur effektiv und gesundheitsfördernd. Es macht auch richtig Spaß, in der Gruppe unter Anleitung zu trainieren! Ein weiterer positiver Nebeneffekt ist, dass man seinen Körper nach und nach sehr gut kennenlernt und reagieren kann, wenn sich Beschwerden einstellen. So gibt es etwa mehrere Übungen, mit denen man Kopfschmerzen selbst – ohne Tabletten – in den Griff bekommen kann. Das Körperempfinden wird entscheidend besser! Ich kann das GST Motion Training uneingeschränkt weiterempfehlen.

Eine Patientin, 30–50 Jahre

Als hätte es meinen Zusammenbruch nicht gegeben
Eine starke Schmerzproblematik veranlasste mich dazu, Herrn Weber zu kontaktieren und aufzusuchen. Ich bekam sehr zeitnah einen Termin, da ich aufgrund heftiger Schmerzen in der Lendenwirbelsäule nicht mehr aufrecht gehen konnte, ebenso wenig sitzen, und nicht einmal im Liegen war eine Besserung zu spüren.

Das sagen Teilnehmer des GST Motion Trainings

Herr Weber hat mich wunderbar begleitet, hat mir durch seine GST Schmerztherapie in extrem kurzer Zeit im wahrsten Sinne des Wortes wieder auf die Beine geholfen. Dank zusätzlicher Bewegungsübungen, der GST-Motion-Übungen, ging es mir sehr schnell wieder gut. Die Übungen waren gezielt auf mein Problem abgestimmt, und sie wurden mir gezeigt, damit ich sie zu Hause durchführen konnte.
Die Therapie war so effektiv, dass ich eine Woche später schon wieder an einer Fortbildung teilnehmen konnte, bei der vier Tage nur Sport getrieben wurde! Es war, als hätte es meinen körperlichen Zusammenbruch kurz zuvor gar nicht gegeben.
Ich kann die Therapie von Herr Weber uneingeschränkt weiterempfehlen. Er geht sehr gewissenhaft und kompetent vor, und ich fühle mich bei ihm bestens aufgehoben. Ich bedanke mich für diese tolle Arbeit.

Eine Patientin, 30–50 Jahre

Ich habe meine Grenzen ausgeweitet

Nach mehreren Knieoperationen, bei denen ich unter anderem ein neues Kreuzband bekam, hatte sich bei mir eine Schonhaltung verfestigt. Dadurch war ich sehr unsicher beim Gehen und Treppensteigen.

Das sagen Teilnehmer des GST Motion Trainings

Eine Freundin hat mich dann zu Thomas Weber in die GST-Motion-Stunde mitgenommen. Nach einer kurzen Anamnese durch Thomas konnte es losgehen. Es wurden passende Übungen für mich zusammengestellt, die ich in der Stunde kennenlernte und üben konnte.

Nach der ersten Trainingsstunde war meine Haltung gerader, das Knirschen und Knacken der Gelenke war fast verschwunden. Mich hat es verblüfft, zu welchen Bewegungen ich in der Lage bin.
Unter der ruhigen und kompetenten Anleitung von Thomas ging ich Woche für Woche an meine Grenzen, vielleicht sogar etwas darüber hinaus. Ich wurde beweglicher und deutlich sicherer beim Gehen.
Dank seiner Erklärungen über die Zusammenhänge von Bewegung, Haltung und Arbeit der Muskulatur wurde mir auch verständlich, warum ich welche Übung machen sollte. Thomas hat mir sehr geholfen, beim Trainieren und beim Sport meine Grenzen zu testen und auszuweiten. Ich merke aber auch, dass mein Denken offener geworden ist, seit ich aufrecht gehen kann und den Blick nach vorne, weg von den Fußspitzen, richte.

S. P., 30–50 Jahre, weiblich

Das sagen Teilnehmer des GST Motion Trainings

Einfache Übungen gegen Migräneanfälle
Nach mehreren Migräneanfällen habe ich mich in die Behandlung von Herrn Thomas Weber begeben.
Nach einer ausführlichen Anamnese wurde eine gezielte Schmerztherapie durchgeführt. Außerdem erhielt ich durch das GST Motion Training sehr ausgereifte, aber dennoch einfache Übungen an die Hand, die ich auch zu Hause nach Bedarf anwenden kann. Mithilfe dieser Übungen lassen sich bewusst meine Verspannungen im Schulter- und Nackenbereich lockern, sodass meine Migräneanfälle schon nach kurzer Zeit wesentlich weniger wurden.

Trotz meiner schon bisher guten Gelenkigkeit (ich gehe seit siebzehn Jahren regelmäßig zweimal pro Woche ins Ballett) merke ich, dass die gezielte Muskeldehnung und das Faszien-Training sich positiv auf meinen Körper auswirken.

Eine Patientin, 20–30 Jahre

Beweglich und gesund älter werden
Die für mich bis dato unbekannte Bewegungstherapie lernte ich beim Heilpraktiker Thomas Weber kennen und schätzen. Durch die Bewegungen, auch Schmerzfrei-Übungen genannt, wurde ich auf bisher nicht wahrgenommene

Das sagen Teilnehmer des GST Motion Trainings

Muskelgruppen und fasziale Strukturen meines Körpers aufmerksam. Einige Verkürzungen konnten reguliert werden.

Derzeit lerne ich die Schmerztherapie von Thomas Weber kennen und bin zuversichtlich, dass sich durch sie die vorhandenen, wodurch auch immer entstandenen Verspannungen, Myogelosen (Muskelverhärtungen) und Engpässe meines Körpers rasch regulieren lassen.
Dieser Ansatz ergänzt meine Idee, beweglich und gesund älter zu werden. Ich freue mich, diese Methode zu empfehlen und weitergeben zu können, und sehe, dass sie Menschen hilft, sich zu regenerieren.

R. F., 30–50 Jahre, weiblich

Die Vorteile von GST Motion Bewegungstherapie auf den Punkt gebracht

- schützt Gelenke und Wirbelsäule
- funktioniert als wirksame Maßnahme zur vorbeugenden oder nachsorgenden Schmerzvermeidung
- verhilft zu maximaler Beweglichkeit
- das Energielevel steigt um 20–50 Prozent an
- fördert die psychische Gesundheit durch Löschung der Anspannungen, in denen negative Emotionen abgespeichert sind
- trainiert die Stressresistenz
- optimiert die sportliche Leistungsfähigkeit
- steigert Konzentrationsfähigkeit und geistige Leistungsfähigkeit
- optimiert die Energieflüsse im Meridiansystem, balanciert die Chakren
- bewirkt eine regelmäßige Massage der inneren Organe
- führt zu entspannter und kraftsparender Körperhaltung, beseitigt Haltungsfehler

Das ergänzende DVD-Set

In diesem Buch haben Sie die Grundlagen dafür erhalten, wie Sie im Alltag durch gesunde Bewegung und allgemein gesunde Lebensweise Schmerzen vorbeugen und bestehende Schmerzzustände erfolgreich bekämpfen.

Wer tiefer in das Thema einsteigen will, dem empfehle ich mein DVD-Set, das anhand von leichtem Text, Bildern und Videos weitere Informationen zum Thema gibt. Dort finden Sie insbesondere auch weitere nützliche Übungen.

Nachwort

Vielen Dank, dass Sie sich Zeit für mein Buch und vielleicht auch mein DVD-Set genommen haben. Ich bin sicher, es wird Ihrer Gesundheit, Ihrer Beweglichkeit und Ihrem Allgemeinbefinden zugute kommen, wenn Sie meine Ratschläge beherzigen.

Meine Überzeugung ist: Man kann anderen Menschen nur helfen, wenn man in der Lage ist, sich selbst zu helfen. Nur wer gesund ist und die nötige Kraft und Energie besitzt, kann Projekte mit und für Menschen umsetzen. An mir selbst habe ich erlebt, wie meine Heilung den Wunsch geweckt hat, auch anderen die Heilung zu ermöglichen – und mir gleichzeitig die Kraft dazu gegeben hat, das zu tun.
In diesem Sinne hoffe ich auch für Sie, dass Sie durch die GST Motion Bewegungstherapie die Energie zurückgewinnen, die Sie brauchen, um für sich selbst und andere Gutes zu bewirken.

Ganz in diesem Sinne bitte ich Sie: Wenn Sie mein Buch und mein DVD-Set überzeugt haben, empfehlen Sie es bitte weiter!

Ihr Thomas Weber

Kontaktinformation

GST Serviceteam
E-Mail: *info@heilpraktiker-thomas-weber.de*

Besuchen Sie auch meine Praxisseite und informieren Sie sich über meine Behandlungsmethoden:
www.heilpraktiker-thomas-weber.de
Hier können Sie auch einen Termin vereinbaren, wenn Sie sich von mir persönlich beraten lassen möchten.

Dank

Ich möchte auf diesem Weg ein Dankeschön an meine Familie sagen: an meine Frau und an unsere Kinder; ebenso auch an meine Freunde, die immer zu mir gestanden haben. Ihr habt jede Idee mit mir geteilt, auch wenn sie im ersten Augenblick vielleicht nicht durchführbar erschien, habt mich immer in allem unterstützt!

Außerdem möchte ich mich bei meinen Teilnehmern und Patienten herzlich bedanken. Ihr bringt Euch im Training und in der Praxis immer super ein. Erst dadurch wurde und wird es mir möglich, die wertvollen Erfahrungen zu sammeln, die ich brauche, um mich weiterzuentwickeln und noch besser helfen zu können.

Thomas Weber

Gutschein

Als kleines Dankeschön erhalten Sie einen Gutschein im Wert von 40,– Euro, den Sie bei einer Behandlung in der GST Schmerztherapie oder für den Erstbesuch bei mir in der GST-Praxis und Naturheilverfahren einlösen können.

Bringen Sie dazu einfach beim Erstbesuch dieses Buch mit!